慢慢变富的诀窍

中庚基金管理有限公司　编

WUHAN UNIVERSITY PRESS
武汉大学出版社

图书在版编目(CIP)数据

慢慢变富的诀窍/中庚基金管理有限公司编.—武汉：武汉大学出版社,2022.7(2022.9 重印)

ISBN 978-7-307-23150-4

Ⅰ.慢… Ⅱ.中… Ⅲ.投资收益 Ⅳ.F830.593

中国版本图书馆 CIP 数据核字(2022)第 120272 号

责任编辑:陈　红　　　责任校对:汪欣怡　　　版式设计:马　佳

出版发行:**武汉大学出版社**　　(430072　武昌　珞珈山)

　　　　　(电子邮箱:cbs22@ whu.edu.cn　网址:www.wdp.com.cn)

印刷:武汉精一佳印刷有限公司

开本:720×1000　　1/16　　印张:16　　字数:242 千字　　插页:2

版次:2022 年 7 月第 1 版　　2022 年 9 月第 2 次印刷

ISBN 978-7-307-23150-4　　　　定价:68.00 元

编委会

主　编

孟　辉

副主编

曹　庆　张　京

执行主编

卢　强

编委会成员

孟　辉　曹　庆　张　京

卢　强　彭晓卉　王艺霏

参　编（按姓氏音序排列）

陈　亮	陈　洁	陈孝健	邓　飞	顾　意
姜　隽	焦楷博	刘林辉	梅　萍	欧　晔
潘煜昊	孙天琦	孙瑜颢	王　晨	王柳云
王　侨	吴承根	武　锋	杨　喆	杨少白
张佳庆	郑　珊	周　林		

投资是一辈子的事

公募基金行业经过 20 多年的蓬勃发展，在存量规模的持续稳健增长、产品类型的极大丰富、行业参与者的百花齐放、投资者数量及覆盖范围的提升等诸多方面取得了卓有成效的收获。然而快速的发展过程中也伴生着一些"基础设施建设"未能匹配行业健康、可持续发展要求的问题，比如对于行业参与者，无论是资产管理端还是财富管理端长期"健康指标"的关注与考核引导，比如提升投资者对于基金投资的科学认知从而以更科学合理的方式参与市场等，而笔者很认同本书强调的一个观点：投资者的合理认知是行业可持续发展的基石。

整体上基金净值收益与投资者实际获得的收益之间还有巨大的"剪刀差"，其核心原因主要是基金行业的整个评价体系、考核体系，更重要的是投资者的基金投资行为普遍偏短期。较短的评价考核体系带来的问题是持续的投资者陪伴与引导、对有效客户数与客户资产结构的重视等这类"见效慢"但很关键的事情或被短期忽略、或缺乏实际落地的措施与保障。而偏短期的投资者投资行为带来的问题则更加直接且显而易见：大批的投资者不仅错失了管理人长期创造的超额收益，更可惜的是连资本市场长期提供的不错的 β 收益都因频繁择时、追涨杀跌等行为折损很多。本质上，基金投资获取的是经济总量长期增长贡献的价值，然而价值创造和价值兑现都有周期、都需要时间，而偏短期的投资行为不仅让投资者自身承担了投机失败的风险，也可能促使投资端由于尝试更好地满足投资者诉求而贸然承担过高的风险。简单的概率算数告诉我们即使投机的胜率大于随机事件成功的概率50%，随着持续次数增加，胜率也会大大下降，那么行业整体可预期的投资收益实际就是负和游戏的结果。因此，正如本书提倡的，我们特别希望未来有更多长期的资金入场，当投资端拿到的是10年、20年甚至更长的钱的时候，投资行为也会不同，而长钱也更能真正支持到实体经济，同时帮助投资者更好地真正享受到投资的收益。资金性质与考核机制决定投资端的投资行为，长钱是市场的压舱石，更是价值创造的基础，这也就是我们要呼吁长期投资的原因。

然而长期投资知易行难，所以我们尝试通过机制的方式帮助投资者感受长期投资的魅力，比如通过推出封闭式公募基金帮助投资者真正收获基金产品创造的收益。虽然在最初的推广阶段市场有诸多质疑，但当投资者真正有了收益感受、管理人有了更有利于投资端的稳定规模、财富管理端在封闭属性的保护下能够更好地开展财富顾问工作时，各方参与者包括投资者都感受到了长期投资的魅力。近两年封闭式产品已较为广泛地被市场认知，还演化出持有期这类有一定封闭期属性的开放式产品，封闭式机制甚至为我们后来给养老目标基金设定一年、三年、五年的封闭期奠定了很好的基础。但封闭机制仅仅是一种工具或一种实现途径，真正能够让行业长期获益的是封闭式投资心态，也就是长期投资意识与认知。

常常有人问我，长期投资有多长，我很喜欢本书的发起人之一，也是我多年老友的一句话："投资是一辈子的事"，这句话作为回答再合适不过，当投资的目标从"一夜暴富"变成资产合理保值增值，从而帮助我们更好地生活时，我们可能就离长期投资更近了一些。为此，建立个人养老账户的意识，帮助第三支柱健康发展是过去多年我们重点关注的工作方向，我们希望通过专门的养老产品帮助投资者了解养老与自己的关系，养老与投资的关系，养老与基金的关系，并逐步建立全新的养老理财观念。从基金业的视角出发，我们希望通过基金投资帮助投资者"老有所养"，但需要强调的是，如本书中多篇文章提及的，它不仅依赖于投资端让老百姓的长钱真正参与到价值发现与价值创造的过程中，更依赖于投资者做好长短期资金匹配下的资产配置，这是非常重要的前提。

先区分出短、中、长期要用的资金，对应选择期限内大概率可以满足投资预期收益率要求的投资品，再给它们相应的时间，这是合理资产配置三部曲，这个前提看似简单，然而每一步的实践对大部分普通投资者来说都有挑战。比方说大多数投资者只关注某基金过去一段时间涨了多少，关注什么时候"入场"更合适，但却往往忽略了这个产品为什么涨，自己是否理解支持未来增长的逻辑、接受增长的概率、能够承担可能的波动、能够接受实现可能增长需要的时间。这些与投资者自身最息息相关的问题恰恰是决定一笔投资最终能否满足投资者投资预期的关键，因此如本书说，在投资的过程里投资者最重要，而显然的，投资者需要行业各方的专业帮助，这也是我们提倡专业分工、强调投资者教育或者说引导与陪伴的原因。

近些年我们欣喜地看到越来越多的机构参与到投资者引导与陪伴工作中，比如不仅强调"投"更重视"顾"的基金投顾业务的推出，比如越来越丰富的投资者引导内容，比如老友从 2015 年 8 月 14 日开始并持续至今的价值投资万里行服务活动。这个初心是帮助投资者建立对市场的合理认知、用长期眼光看待基金投资的服务活动，时至今日已逐渐在行业中"开枝散叶"。据统计类似的万里行活动已经合计开展一万余场，在将近 7 年时间里也仅仅覆盖了 70 余万人次而已，中国有多少基民呢？据称有 7.2 亿之多，类似的工作空间仍然巨大！更重要的是合理认知不是一朝一夕形成的，常常有投资者听完万里行兴奋不已但转头又已然忘记，周期确定、波动确定、对认知的考验也确定。

所以当老友告诉我希望把多个团队过往多年投资者陪伴与引导过程中积累的经验、引发的思考系统地梳理成册，供投资者在确定的挑战之下常读常新时，我为行业又有一个服务投资者的好工具而振奋不已。关于投资的书很多，好似我们看了就懂怎么投资，然而影响投资收益最重要的是投资者自己、投资者的合理参与方式、投资者的合理认知，这些却几乎被全市场忽略，而这本书恰恰聚焦在这些方面。开篇第一章就系统地解答了投资者认识基金、选择基金、何时买入、买入后短期浮盈/浮亏、何时赎回、怎么赎回等基金投资完整周期中会遇到的一系列问题；第二章结合投资中常见的投资误区提供有针对性的解决方案；第三章从聚焦价值投资的管理人视角分享了他们对价值投资、长期投资的理解；第四章收集了财富管理端对于投资者陪伴与引导的认知。

这大概率不是最好的那本书，但却是最新的尝试，开始就很好，相信随着本书作者对投资者服务的更多积累、行业对投资者陪伴与引导的更多关注，这本书或者类似的书会越来越好，而随之而来的是投资者的投资体验越来越好、行业越来越好、各方参与者越来越好。

初心终不负，投资是一辈子的事。

钟蓉萨　女士

中国证券投资基金业协会前副会长

"庚您同行"的初心和意义

　　同行价值投资路，"庚"您同读万卷书！作为资产管理行业的一员，中庚基金在投资端的目标是通过低估值价值投资体系，创造可持续、可复制、可事前解释的超额收益，在这点上长期而言我们是有信心且相对确定的。作为一名企业的管理者，我非常注重企业的长久生命力，唯有持续帮客户创造价值才是企业的立身之本。

　　然而，影响投资者投资收益的因素不仅在于市场、基金经理、管理人、财富管理机构，更在于投资者自身，我很喜欢一句话："投资是认知的变现。"显然帮助投资者提升对市场、投资以及自身投资行为的合理认知也成了企业价值的一部分。为此，我们不仅搭建了价值投资策略体系，更建立了与之相辅相成的价值投资服务体系，希望与财富管理机构一起搭建客户抵达资产合理保值增值彼岸的桥梁。

　　长期坚持良好的读书习惯，作为一件能在认知上带来复利价值的事情，是引领投资前行的坚实力量。作为资产管理行业的一员，除了为投资者提供专业的投资理财服务外，践行企业社会责任，将我们过去多年的经验总结与更多投资者分享、帮助更多投资者，也是我们的责任和使命。非常荣幸的是，怀着陪伴与引导投资者的初心，作为资产管理行业的从业人员同时也是我的同事以及合作伙伴们撰写的这本散发着油墨香味的图书与大家见面了。

　　1993年，我加入中国资产管理行业。从证券公司到公募基金，30年来经历

过风风雨雨，见证了 1993 年的"宝延风波"、2007 年的大牛市以及随后一年的
"过山车"式行情、2015 年中小市值股票的"鸡犬升天"，多层次资本市场的"版
图"进一步完善；也见证了 2021 年公募基金总规模突破 25 万亿元关口以及权益
类基金近年来的大发展⋯⋯

虽然相较于海外成熟市场，中国资产管理行业兴起时日尚短。但是，受益于
中国经济的高速发展、居民财富管理需求的快速提升，中国资产管理行业实现了
跨越式的进步。同时，在公司治理、业务升级、产品创新、投资者服务、投资管
理能力、优化市场资源配置等方面不断变革与发展。伴随行业竞争的愈演愈烈，
走差异化路线成为公募基金业务升级的新路径，经营理念、业务模式和服务方式
的全面升级成为公募基金发展的重心。

让我们更加庆幸的是，随着资本市场的逐步成熟，价值投资在 A 股市场持续
展现着它应有的光芒和力量。顺应大资管时代的发展，中庚基金于 2018 年 8 月 1
日成立。成立之初，我们结合自身的优势与资源禀赋，坚定了"深耕价值，只做
价值投资"的战略定位。聚焦主动权益投资这一具有较大市场规模潜力和价值创
造效应的领域，希望在主动权益投资领域建立一流的竞争优势，通过专业投资与
管理，满足投资者的真实投资需求。

2021 年 4 月，麦肯锡发布的一份关于中国资产管理行业的报告显示，截至
2020 年底，以个人金融资产计算，中国已成为全球第二大财富管理市场、第二
大在岸私人银行市场。预计到 2025 年，中国财富管理市场年复合增长率将达
10% 左右，市场规模有望突破 330 万亿元人民币。但是对标世界发达经济体，中
国居民的金融资产占比明显偏低，资产配置仍存在优化空间。这预示着未来中国
财富管理市场拥有巨大的发展前景，金融机构需要在变革的市场中把握机遇，打
造差异化的战略举措，从而在众多市场竞争者中脱颖而出、抢占先机。

经过三年多的发展，我们在坚守"深耕价值，只做价值投资"的差异化道路
上，不断巩固自身的核心竞争力，并一步步实现了自我的成长与蜕变。作为价值
投资型的资产管理公司，我们一直强调企业文化是我们唯一的护城河。在统一的
文化价值观下，我们坚定倡导价值投资，为社会创造价值，致力于成为普惠金融

的典范；继续强化"深耕价值"的基因，以更好的业绩和更优质的服务回报投资者、回馈社会。

然而，我们也深刻认识到，权益基金由于其自身的产品定位、与生俱来的高风险高收益的产品特性等，"投后"管理和服务非常重要，用心呵护每一份信任是我们的使命。基于此，"庚您同行"价值投资万里行活动于 2020 年正式启动。我们的专业市场服务团队，总结了过往多年的投资实践，并在"庚您同行"系列活动中就投资服务、投资陪伴、投资引导等内容与财富管理机构一线同事、投资者朋友们展开交流，解开"投资误区"的谜团，通过长期投资、资产配置、基金定投等理念和方法系统地帮助投资者找到正确的投资参与方式。截至 2022 年 3 月底，累计举办活动超 1500 场，遍布超 60 个城市和地区，陪伴了超 50000 位投资者。

随着"庚您同行"价值投资万里行活动持续为合作伙伴、持有人带来专业服务与陪伴，我们也在不断思考，在资产管理行业蓬勃发展，投资者数量不断扩大，而投资者的投资认知却参差不齐的大环境下，如何将我们集体的智慧和"庚您同行"价值投资万里行活动总结的投资实践与更多的人分享。于是，这本关于价值投资陪伴与服务的图书慢慢开始萌芽。

通过本书，不仅可以看到我们的投资团队、市场服务团队从不同视角对价值投资的理解与分享，也可以看到合作伙伴、行业专业人士的智慧与思考。在价值投资的长河中，面对市场的跌宕起伏，每一位参与市场的投资者都需要理性应对，而资产配置、基金定投、长期投资这些看似简单而正确的投资方式和理念，对于大多数投资人而言知易行难。投资是认知的变现，应提升投资认知，坚持用正确的投资方法，做正确的事情，比如选对标的和方向，关注基金的投资逻辑和长期表现，淡化对短期波动的关注，以更长远的眼光看待投资收益与风险比等。

本书凝聚了中庚基金在价值投资陪伴服务领域的实践及思考，放在价值投资浩瀚的征途背景下去看，这些实践及思考一定还需要进一步打磨，也会存在不完美的地方，但我们相信会有越来越多的价值同行者与我们朝着共同的目标努力，不妨把这本书当做一个新的起点吧！

我们希望，通过这本书，价值投资服务的微光可以汇聚成星河光亮，价值投资的理念可以在更多投资者的投资理财和日常生活中生根发芽，这才是"庚您同行"的初心和意义。

孟辉 先生

中庚基金管理有限公司总经理

目 录
Contents

第1章 做好准备·投资很难：
基金投资中困扰您的那些事儿

第 2 章 远离误区·让它简单：
做好资产配置，选对基金管理人，给它时间

第3章　因为相信·所以看见：
一起做真正赚到钱而非仅仅赚过钱的投资者

第4章 "庚您同行"·感恩相伴
投资是一辈子的事，我们要一起走很久

做好准备・投资很难：
基金投资中困扰您的那些事儿

如何更全面地认识主动权益基金的收益

过去几年，基金赚钱效应较为显著，很多投资者抱着"买到就是赚到"的心态纷纷跑步入场。但市场波动较大的阶段，让不少高位入市的投资者无所适从，纷纷吐槽"本来以为基金理财能提高生活质量，没想到却成了我最大的支出"。

其实，这种心理落差主要源于投资者没有正确认识基金投资的业绩，设置了过高的心理预期。本篇文章和大家聊聊如何正确看待基金的收益，在成为"赚到钱而非赚过钱的基民"道路上不断提升"养基"认知。

绝对收益和相对收益

我们买基金的时候经常会看到两个相似的概念即"绝对收益"和"相对收益"，绝对收益以尽可能高的正收益为目标，而相对收益以战胜市场（基准）为目标，它们是两个截然不同的概念。

基金产品的收益目标不同，呈现出来的收益情况也截然不同。以绝对收益为目标的基金追求的是：无论市场涨跌，基金经理都要想尽办法降低风险，力争基金收益为正值，但收益通常不会很高。

而权益类产品一般以战胜市场为目标，以我们最熟悉的主动股票型基金举例，如果某股票型基金以沪深 300 指数收益为基准，那么无论是正收益还是负收益，只要表现优于沪深 300 就是一只"合格"的基金（见图 1.1）。

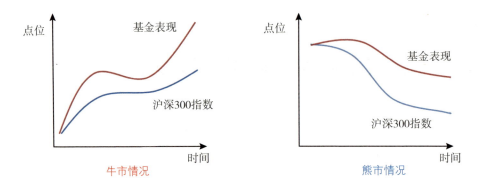

图 1.1　不同市场情况下的基金表现

不难看出，正确认识基金收益的第一步就是梳理自己的理财需求，选择合适的基金品种。

高收益需要长时间的积累

如果您持有权益类基金，或者打算投资权益类基金，相信下面这组数据能提供一些投资启示。

统计过去 10 年中证全债指数和沪深 300 指数的收益情况（见表 1.1），可以发现，虽然沪深 300 指数的累计涨幅可观，但对很多权益类基金来说，沪深 300 指数只是"及格线"，我们还需要再看看基金的整体表现。

表 1.1　　　　中证全债指数和沪深 300 指数区间年化收益率

简称	过去 10 年涨跌幅	区间年化收益率
中证全债	56.02%	4.68%
沪深 300	110.61%	7.96%

注：区间收益率（年化）＝[（1+区间收益率）$^{(250/交易日天数)}$−1]×100%

数据来源：Wind，统计区间 2011/12/31—2021/12/31

我们还统计了 Wind 普通股票型基金指数和混合型基金总指数的收益情况（见图 1.2），发现 2012 年到 2021 年期间，它们的累计收益率分别为 335.14%、229.96%，比沪深 300 指数的表现要好很多。但如果分年度来看，各个年度的表现差异较大，属于涨跌无序的状态。

数据来源：Wind，统计区间：2012/1/1—2021/12/31

图 1.2　Wind 基金指数过去 10 年的收益情况

在上述 10 年间，收益率最好的年度（2020 年）两个指数分别增长 58.12%、40.44%，而最差的年度（2018 年）则分别增长 -24.33%、-13.59%，差异显著。并且两个指数的区间收益标准差高于或接近 20%，其中普通股票型基金指数为 26.40%，混合型基金总指数为 17.98%。

这说明过去 10 年间股票型基金和混合型基金整体的波动率都较高。以上数据都指向一个事实：权益类投资并不是一帆风顺的，获取高收益需要经过长时间的积累。

阶段性高收益不能线性外推

还是参考图 1.2，不难发现权益类基金过去几年迎来了"高光时刻"，收益情况与 2015 年"大牛市"行情下的表现不相上下。在火热的行情下，许多投资者跑步入场，高点入市。

但需要注意的是，过去几年权益类基金整体偏高的收益不能简单地线性外推。根据均值回归原理，如果某段时间内市场回报大幅超越长期的平均值，那么在接下来的阶段内就存在回归均值的可能。

所以我们千万不能因为短期的高收益而忽略市场长期的平均表现，主动权益基金是适合长期持有的理财工具，但要有理性、合理的未来收益预期。

长期持有不是听听即可的"鸡汤"，而是根据市场长期数据得出的一种较好的投资方式。但长期持有也有一定的技巧性，通过合理的资产配置可以改善投资结构，起到应对波动、分散风险等作用。如果再结合定投，还能规避择时困境，积少成多，简化投资过程。

总体来说，无论是投资品种还是投资方式，都要选择合适的，唯一不变的是：选对有持续增长逻辑的基金，坚持长期投资，才能收获时间的玫瑰。

配置基金前，我应该先做什么

了 解 自 己

1. 为什么需要配置基金

我们为什么需要配置基金？其实根源上需要从我们为什么需要投资说起。显然，投资是为了实现财富的保值增值，我们需要跑赢通货膨胀，否则手里的财富就会被稀释，"逆水行舟，不进则退"，如果不努力投资，我们可能是在相对变穷。

投资是一个宽泛的概念，我们可选的投资工具种类也非常繁多，"宝宝"类理财产品、银行短期理财、信托、基金、股票都是可选的投资工具，甚至可以涵盖黄金、房地产等广义的投资领域。在这么多主流的投资工具中，我们为什么需要配置基金呢？不配置可以吗？让我们来看一看身边真实发生的事情：随着宏观经济增速趋缓，货币政策维持宽松，无风险利率持续下行，"宝宝"类理财产品的较高收益时代一去不复返，银行理财不但利率水平大不如前，而且受《关于规范金融机构资产管理业务的指导意见》(后文简称资管新规)的影响打破刚兑、实行净值化管理。在"房住不炒"的政策基调之下，不但房地产本身的高增速难以为继，与之相关的房地产类信托也普遍降低收益、缩减发行规模，甚至出现不少违约风险。黄金作为"硬通货"，从长期来看确实能够实现财富的保值，但其一方面流动性受限、存储成本高昂，另一方面也很难进一步实现财富的增值，因而也只适合少量配置，起一个避险的作用。在这样的背景之下，参与资本市场投资的必要性就日益凸显出来了，而参与方式无非也就两种：要么自己炒股，要么配置基金。自己炒股需要很强的专业性，还需要倾注极大的精力，对于大多数普通投资者来说配置基金，把钱交给专业的机构来管理或许是一个更明智的选择。所以，究竟是"基金更需要我们"，还是"我们更需要基金"，抑或是"我们跟基金相互依存、互惠共赢"？这个问题值得每一个准备投资基金的人深入思考。

在配置基金之前，先想清楚"为什么需要配置基金"这个问题是非常关键的，它将对我们未来投资基金时的心态、情绪，乃至投资决策都将产生潜移默化的影响。

2. 可以配置多少基金

这个问题真奇怪，钱是我自己的，难道不是想配置多少基金就配置多少基金吗？诚然，没有人能干涉您的投资决策，但如果您希望在投资基金的过程中获得更好的投资体验，最终实现理想的投资收益，还是建议您听听专业人士的意见。

配置基金时真的不是想配置多少就配置多少，配置基金的科学比例取决于您的风险特征，这里所说的风险特征包括主观和客观两个方面，主观方面是您的风险偏好度，客观方面是您的风险承受能力。

每个人的风险偏好度都是不同的，有的人愿意承担较高的风险去追求更高的收益，有的人则宁可少赚一点也不愿去承担过高的风险。风险偏好度的高低也决定了您对未来资产波动的预期以及接受程度，风险偏好度高的人对未来的波动往往是有预期的，而且也做好了承担风险的心理准备，而风险偏好度低的人对未来的预期是保持平稳，一旦出现大起大落就很难承受。给一个风险偏好度高的人配置的基金比例过低他会觉得"没意思"，长期下来收益也可能达不到预期；相反，给一个风险偏好度低的人配置的基金比例过高他会觉得很担忧，一旦出现回调就容易睡不着觉。

　　每个人的风险承受能力也是不同的，这是由一些客观因素所决定的。比如常规来说，年龄较大的人（尤其是无稳定收入来源的人）风险承受能力较低；收入越低、越不稳定的人风险承受能力往往越低；家庭负担越重（需要抚养小孩、赡养老人等）的人风险承受能力越低等。配置基金的比例需要与这些客观情况相匹配，不能因为单纯的喜欢冒风险赚大钱（风险偏好度高）就不顾现实情况地盲目加大投资比例。

　　所以无论您在银行、券商，还是在其他财富管理机构开始配置基金之前，根据监管部门的要求，第一步都是要对您进行全面的风险评估，这个步骤绝非多此一举，而是希望通过您对风险评估问卷的回答来判断出您的风险特征，从而更了解您的风险偏好度和风险承受能力，以便在后续的投资过程中帮您更好地回答"可以配置多少基金"这个问题，这一点至关重要。

了 解 基 金

1. 基金的分类

　　基金本身是一个非常宏观的概念，因此在配置基金之前，了解基金的分类是非常必要的。从定义上讲，基金是指通过发行基金份额，将投资者分散的资金集中起来，由专业的资产管理机构投资于股票、债券或其他金融资产，并将投资收益按投资者的持有份额分配给投资者的一种"利益共享、风险共担"的金融产品。

　　基金从募集对象维度可以划分为公募基金和私募基金；从投资标的维度可以划分为货币市场基金、债券型基金、混合型基金、股票型基金等；从运作方式维度可以划分为开放式基金、封闭式基金、约定持有期式基金等；还有很多特殊类型的基金，比如 ETF、LOF、QDII、FOF、保本基金、分级基金、商品基金、ETF连接基金等。

　　在配置基金之前，对于这些维度的分类以及每种类型基金的定义、特性、优劣势等都需要有全面深入的了解，否则很难挑选到符合自身投资需求的基金类型，最终的投资结果也常常会事与愿违。但对于非专业人士而言，五花八门的基金类型如果靠自己逐一学习和研究是很耗费精力的，大多数人会选择听取专业投顾机构的建议，让专业的人做专业的事，这样挑选基金的效率和精准度会大大提高。

当然，众多的基金类型中有些类型相对简单（如货币市场基金、债券型基金等），有些类型过于小众（如私募基金、QDII、分级基金、商品基金等），由于篇幅限制，这里跟大家详细探讨大众接触较多、挑选时技术含量较高的偏股混合型基金以及股票型基金，下文所指的"基金"也都聚焦于这一范畴。

2. 基金的收益

我们配置基金归根结底是为了实现财富的保值增值，说得直白一点就是为了赚钱。在配置基金之前，我们最关心的问题其实就是基金的收益特征，那么我们应该怎么去看待基金的收益呢？或者说我们应该抱有什么样的收益预期去参与基金配置呢？

我们先来看一组长期数据（来源于 Wind），从 2004 年 1 月 1 日至 2021 年 12 月 31 日的 18 年间，偏股混合型基金指数的区间涨幅达到了 1070.12%，区间年化收益率达到了 15.16%。说明随着中国经济总量的长期向上以及资本市场的良性发展，偏股混合型基金从长期来看是一类收益惊人的优质资产。

我们再来看一组短期数据（来源于 Wind），上证综指 2019 年的最大回撤是 15.35%，2018 年受中美贸易摩擦的影响最大回撤达到了 30.24%，即使在 2017 年这样单边上涨的牛市行情中最大回撤也有 7.18%，2016 年受"熔断"影响最大回撤达到了 24.96%，2015 年受几轮"股灾"的冲击最大回撤更是高达 43.34%。这些都是配置基金的过程中在单一年度所需要经历的、实实在在的短期波动。

为什么同样是基金却有两副面孔？为什么长期维度能让我们 18 年增长近 11 倍的优质资产在短期维度却又让我们承受近乎"腰斩"的痛苦回调？其实这就是在配置基金之前需要了解的收益特性，对于基金投资而言，短期收益依靠的更多是运气，而长期体现的更多是价值。

所以，对基金的收益预期要分长期视角和短期视角两个维度，既要做"长期的乐观主义者"，也要做"短期的现实主义者"，在长期维度对这类优质资产充满信心，在短期维度接受其波动震荡的客观现实。只有这样，才能在配置基金的过程中既仰望星空，又脚踏实地，而不是急于求成，或是半途而废。

3. 基金的参与方式

了解基金的参与方式其实就是回答"基金应该怎么买"这个问题，是一次性买还是分批买？建议是可以尝试分批买，这样的购买体验会更加平滑。

那可能有人就会有疑问了：既然决定要配置基金了，手上的钱闲着也是闲着，为什么不挑个低点一次性买进去呢？问题就出在"挑个低点"上，您真的确定自己挑的是低点吗？如果挑错了怎么办？即使偶然挑对了，可持续吗？事实上，诸多数据和实例都告诉我们：即便是知识储备最充分、投资经验最丰富的世界级投资大师，也很难做到精准择时，更别说我们普通投资者甚至是刚刚开始配置基金的"小白"了。

对于大多数投资者而言，敬畏市场，采用"分批买"可能会是配置基金更为舒适的方式，成熟的投资者可以学习巴菲特"主动分批"，因为这个阶段的投资者已经有了一定的基金投资经验，对市场的波动有一定的认知，可以主动把自己准备配置基金的资金分成几份（未必平均分配），建仓第一份不用过于择时，后续根据市场变化陆续把后面几份资金追加进去。这样先建立足够的底仓，同时又留足补仓资金的方式，"进可攻，退可守"，比一次性满仓买入的投资心态会更加平和。而对于没有经验、刚刚开始配置基金的"小白"来说，推荐基金定投，定投这种方式能直接避免择时困境，更加平滑波动，通过严格的纪律性对抗趋利避害的人性，让毫无基金投资经验的"小白"避开追涨杀跌的投资陷阱。

4. 基金的评价指标

明白了为什么要配置基金，也根据自己的风险特征确定了配置基金的比例，选择了适合自己的基金类型，对基金的收益有了客观的预期，也知道通过"分批买"的方式来降低参与风险，似乎就可以立即开买了，对吗？

等一等！在打开钱包之前，还有最后一项准备工作要做，就是挑选出适合自己的优质基金！那我们可以通过哪些指标来筛选呢？这里为大家列举出四个维度的评价指标，通过这种四维筛选，虽然不一定能精准定位到全市场最好的那一只基金，但大概率能圈定出很多相对不错的产品可供选择，对于我们而言也就足够了。尝试时时选到最好的产品在实际操作中不仅不现实，还可能让我们错失本可以拿到的收益，具体将在本书后面的篇章详述。

这四个维度的评价指标分别是：收益指标、风险指标、辅助指标、定性指标。

收益指标里可以关注基金的绝对收益和相对收益，需要强调的是看收益一定不能只看短期，而应该更加重视中长期的收益情况。绝对收益角度来看过去3~5年的年化收益率是否能够保持在一个预期数值，比如10%以上，相对收益角度看过去3~5年的相对业绩排名是否能够保持在同类基金的前列，比如前1/5。

风险指标中常用的衡量标准是夏普比率和最大回撤。夏普比率反映产品的风险收益比，或者说性价比，这个数值越高越好；最大回撤反映产品的风险控制能力，这个比例越低越好。如果某只基金过去3~5年的夏普比率高于同类基金的平均水平，同时过去3~5年的最大回撤低于同类基金的平均水平，那么基本可以判断它在风险维度是优秀的。

辅助指标可以重点看基金的规模及持有人结构。通常来说，规模越大的基金选股标的越受限，运作难度越大，很难获得持续的超额收益，应当尽量避免。而持有人结构可以主要看机构持有人比例和内部人持有比例，一般而言这两个比例越高越好。机构的钱也常被称为"聪明资金"，机构投资者选择产品也常常比个人投资者更加谨慎。而基金公司的内部人对自家的基金了解更深，他们用实际行动表达出来的认可更值得信任。可见，"抄机构作业"和"抄内部人作业"是选基的技巧之一，可以作为收益维度、风险维度的有益补充。

定性指标往往是一些非数据类的信息，但这些信息足以对一只基金的质地产生决定性的影响。我们可以从基金定期报告披露出的信息、基金公司通过媒体公开发表的观点中获取这些信息。比如我们可以从基金的定期报告中获取基金经理是否变更、投资范围是否更改等信息，这类变更可能极大地影响产品的投资运作，原先的评价指标也就毫无意义了，需要进行全新的评估，看看新的基金经理和投资范围我们是否认可，是否值得我们继续选择。再比如我们可以用基金公司通过媒体公开发表的观点与基金经理实际的运作方式进行比对，看看这只基金是否存在风格漂移，是否"知行合一"所买即所得，这对于投资者资产配置决策来说尤为重要。

至此，我们既充分了解了自己，也充分了解了基金，准备工作已就绪，下面请安心开启您的财富增值之旅吧！

1.3 什么时候适合买低估值策略基金

借道权益资产进行资产配置的投资者对于 A 股的波动性都有着切身体会，不少投资者跃跃欲试地寻找买基金的"更好时机"。那么，对于贯彻低估值价值投资策略的主动权益基金来说，什么时候适合购买呢？

择时买基金？过往经验告诉我们这很难

"什么时候适合买低估值策略基金"，回答这个问题似乎意味着买主动权益类基金隐含着择时的因素。那么买主动权益基金，择时有效吗？

首先，我们承认如果在 2007 年、2015 年牛市高点买偏股型基金，"用时间换空间"，短期的持有过程可能会"比较痛苦"，但拉长周期看，即便是 2015 年 6月 12 日上轮牛市最高点买入偏股型基金，持有至 2021 年 12 月 31 日，6 年多时间上证指数下跌超过 28%，但偏股型基金整体已获得正收益（期间偏股混合型基金指数上涨 47.07%、普通股票型基金指数上涨 44.03%），对于投资策略明晰且主动管理能力强的基金来说，其间涨幅更是早就大幅度跑赢大盘指数。

其次，抛开 2007 年、2015 年牛市高点这些较为极端的时间点，在上证指数徘徊在 3200~3400 点附近时，需要等待更低位再买基金吗？一方面需要结合市场整体估值水平，另一方面"闪电理论"（这一理论我们将在第二章《适度远离市场，幸福的闪电出现时您会在场》一文中详细介绍）通过数据也告诉我们，比起纠结具体的入市点位来说，长期持有才更为重要。

过往数据告诉我们：持有偏股混合型基金的 17 年时间里，经历了那么多次牛熊起伏，如果仅仅是错过了涨幅最大的 30 天，最终投资收益就大打折扣（见表1.2）。没有人能精准预测市场，但是"闪电"出现的时候，您得在场，所以最好的办法就是买入并长期持有。

表 1.2   **偏股混合型基金不同持有情形的收益率**

持有情形	总收益率	年化收益率
不择时坚定长期持有	1166.79%	16.11%
错过涨幅最大的 10 天	644.30%	12.53%
错过涨幅最大的 20 天	386.09%	9.75%
错过涨幅最大的 30 天	231.36%	7.30%

数据来源：Wind，此处以偏股混合型基金指数（885001）观察主动偏股混合型基金整体表现；统计区间：2005/1/1—2021/12/31

低估值策略基金：不做预测，重在应对

前面提到了对于匹配长期持有规划的长钱配置型投资者，只要不是在市场最疯狂的时候，基本不用择时，可随时选择所看好的主动权益基金进行配置。

在数量众多、投资策略各不相同的主动权益类基金中，为什么低估值价值投资策略的基金值得重点关注呢？

（1）**不预测，重应对**。低估值价值投资的整个策略体系核心并不是说对未来有多强的预测能力，或者知道未来能发生什么或者未来不会发生什么，而是基于现在的事实和逻辑去评价现在所观察到的事实是什么，以及在这种事实之下未来可能出现的不确定性和针对这种不确定性，现在的市场是如何定价。同时观察市

场是否有出错的地方，发现错误并做出与风险相匹配的应对。

（2）**策略确保任意时点投资组合均有高性价比的优势**。从基本面风险低、估值低、较高的成长性等角度选择行业和股票，通过动态调整，使投资组合在任意时点均保持较高性价比，并始终具有估值优势：上涨有动力（估值修复），下跌有安全边际（估值防护）。同时随着净值逐渐上涨，基金经理对部分性价比不再突出的股票及时进行动态调仓，调入更具成长性的低估值标的，以确保投资组合在全市场的高性价比，投资者不用担心"净值恐高"问题。

核心结论：长钱投资，选对方向比纠结择时更重要

对于与长期持有目标相匹配的投资者，市场点位偏低就买入，不用纠结哪一天，对于大多数普通投资者，我们更建议其将主要精力放在优选基金和资金规划上。从大的趋势来看，A股长期震荡向上的趋势大概率不会改变，更重要的是主动权益类基金特别是低估值策略基金会优选具备价值创造能力、可持续的内生成长性的优质资产，让普通投资者的长期资金参与到价值创造与价值实现这一过程中。在这个大的逻辑面前，首先要以长期投资为主，其次对于像低估值策略类基金这类风格不漂移、投资策略长期靠谱的产品，做好资金规划的前提下，随时值得买入。

基金投资者该如何理性面对市场的大涨或大跌

众所周知，2019 年与2020 年我们迎来了权益市场的大年，同时伴随着资管新规的靴子逐步落地，越来越多的投资者把目光投向了权益类基金。然而在实践中，我们经常遇到投资者在刚买完权益类基金后，就遇上了净值的大涨或大跌。面对这突如其来的波动，该怎么办呢？在了解这个问题之前，我们不妨先思考，做权益投资赚的究竟是什么钱？

有一种观点说是"赚市场交易的钱"，还有一种观点说是"赚企业成长的钱"。认为赚市场交易的钱的投资者往往把参与市场看作一个零和游戏，通过与市场上其他投资者进行博弈，在股价的趋势与波动中赚取价差收益。但细细想来，赚市场交易的钱这个模式，其实可能并没有为资本市场创造真正的价值，而是通过人性贪婪和恐惧的不确定性进行赌博，因此，想赚市场交易的钱，投资回报难以具备长期的确定性，短期高额回报难以持续，这是其为何不能确定而持久的主因。

而赚企业成长和盈利的钱，则是一个正和游戏。因为从长期来看，我们的目标是投资优质的企业，而这类企业大概率会通过持续的利润增长为股东带来相对稳定的长期回报。回到本文开篇所提的，面对市场的大涨或大跌，我们该怎么办？有几点可以跟大家分享。

要有长期投资的心理预期

既然我们在权益市场所赚取的是企业成长和盈利的钱，而不是通过博弈去赚别人口袋里的钱。就要知道企业的价值创造是个持续发生的过程，并非一蹴而就，因此，投资者需要耐心陪伴优质企业的成长。我们的投资更像是一场漫长的旅行，会经历波折与坎坷，但只要我们方向正确，做时间的朋友（当然时间一定不是所有投资的朋友，相关内容我们将在本书第三章《时间不一定是所有投资的朋友，但一定是价值投资的朋友》一文中详述），复利效应将会大概率给我们带来合理的回报。而如果过度关注每天净值的涨跌与短期的业绩排名，容易陷入以短看长的"赛马心态"。很多时候，投资标的的价格短期可能并不能准确反映其内在真正的价值，脱离合理内在价值的股票价格长期终将回归，但是何时回归却又是不确定的。正如一句价值投资的名言所说："价值不会缺席，但常常会迟到。"坚持不易，但有意义，长期的价值投资策略通常会面临短期波动的考验，然而适度远离市场，遵循企业发展和投资的常识，也常会有意想不到的收获。

正确认识波动，合理承受风险

A 股市场总是在起伏震荡，涨涨跌跌是常态，但何时涨何时跌总不确定，投资者担忧的心情也随之而生，夜深时，可能也经常面临"灵魂拷问"，是该低位加仓还是"割肉"或止盈离场。尤其是亏损时，情绪更纠结了。诺贝尔经济学奖得主丹尼尔·卡尼曼的研究表明，资金亏损所带来的痛苦程度，是等额盈利所带来快感程度的两倍。然而，其实我们都知道，市场的波动本身就是权益投资不可分割的一部分，它既是我们长期持有优质资产最大的挑战，又是获取高收益的重要条件。波动程度与股票本身的内在价值，投资者心理预期以及众多市场因素等息息相关，短期来看证券市场是混沌的、不可预测的。但拉长周期来看，价格总是围绕内在价值波动，只是有的时候偏离幅度会比较大，持续的时间也会比较长。起起伏伏是常态，生生不息则是未来，当极端情况下市场出现较大波动与回撤时，也许正是价值被低估、出现较好投资机会的时候。

面对市场的起伏，我们需要学会管理自己的情绪，避免做出非理性的投资决策。就如理查德·泰勒的研究报告中所说，投资者通常会对于遭受损失的股票越来越悲观，而对于获利的股票会越来越乐观，投资者往往容易对利好与利空消息都表现出过度的反应。如果一个基金产品管理人的能力没有发生太大的变化，风格长期保持一致不漂移，那么投资者最好不要因市场的短期变化而改变基金产品的投资初衷，避免出现情绪化的过度反应，从而影响我们长期的基金投资收益回报。

重新审视，给基金做定期"体检"

当我们明确了长期投资的意识，并能够理性看待权益市场的波动后，我们还需要定期重新回顾和审视自己当初进行这笔投资的目的。当我们发现初始投资目的和实际投资行为不匹配时，需要考虑调整配置。例如，当投资者发现过去对自己的风险评估出现错误时，或是资金及产品发生错配时（比如，拿短期资金去投资了长期品种，或拿长期资金投资了短期品种），就需要重新调整投资组合。同时，适时地关注产品的基本面，比如基金经理、产品策略、产品风格是否已发生变化或者偏移。如果与配置之初的预想不一致，可通过身边的理财顾问寻求专业的服务，进行全方位的基金"体检"，以便决定是继续耐心持有还是换仓调整配置。

不要把鸡蛋放在同一个篮子里

最后，赚钱了拿不住和亏了点心里烦这些情绪出现的原因也可能是投资者在资产配置的策略上存在问题。多元化投资很重要。虽然多元化的资产类别配置，并不一定是利益最大化的选择，但是却能在很大程度上降低风险。并且资产配置因人而异，可以根据自身的风险承受能力，以及资金的使用周期等，制定属于自己的个性化方案。同时，资产配置也不仅仅局限于大类资产配置中，不同风格的权益类基金差异化的产品配置，同样可以达到分散化投资的目的。因为我们知道，每个基金经理其实也都有自己的能力边界，不可能赚到市场上的每一分钱。而权益类产品中不同风格的配置，却能有效地抵御与降低市场风格快速切换所带来的风险。

综上所述，市场的波动是确定的。在投资之前，应合理管控自己的预期。在刚买就大涨导致可能拿不住或者刚买就大跌导致恐慌想赎回时，不妨问问自己，我们投资是赚长期的钱，还是短期的钱？是赚持续的钱还是偶然的钱？如果我们赚的是长期企业成长的钱，那么就需要容许自己"慢慢地变富"。同样，在投资中，尽量避免因市场波动而导致情绪化的投资决策，并做好合理的资产配置。最后，我们也可以寻找一个适合自己的、简单易行并能长期坚持下去的投资方式，比如可以选择以定投的方式来参与市场。因为定投是一种非常简便的投资方法，不仅仅局限在每个月 300 或是 500 元的定向投资，每一笔投入金额的多少，是可以根据每个人自身的资产状况而决定的。长期投资是一种投资方式，甚至可以成为我们的一种思考方式。长此以往，我们自然而然会成为一个"长期主义者"，不再计较一时一载、一城一域的得失，从而做一个有幸福感的投资者。

1.5 影响基金收益最重要的因素是什么

2020 年是公募基金的大年。据统计这一年新基金发行规模超过 3 万亿元，创国内公募历史新高，其中偏股混合型基金贡献了一半以上的份额；权益类基金（含股票型基金和混合型基金）总规模奔上 6 万亿元大关。而当年上证综指上涨 13.87%，创业板指数上涨 64.96%。市场上涨的同时，权益类产品也为投资者带来了不俗的超额收益，夺冠基金的收益率高达 166.56%，银河证券分类中混合偏股型基金当年平均收益率为 59.57%。但天天基金网显示，2020 年全年基金投资者的平均收益约为 14%，明显落后于偏股混合型基金的平均收益水平。这是为什么呢？

市场、基金经理和投资者，这几方都在不同层面影响着基金投资的收益，那么到底哪个因素最重要呢？基金投资者的收益能否等同于基金的收益呢？为什么会有差异呢？让我们一起带着这几个问题来看看市场和我们自己，有没有什么方法能使最重要的那个因素更好发挥效用，以提升投资者基金投资的收益？

影响基金收益的几个因素

显然，市场、基金经理、投资者是影响基金投资收益的三大因素。

先说说市场。有人说，上证指数 10 年前就在 3000 点附近，现在还是 3000 多点，市场没给赚钱机会。单看这个指数的确是这样。但我们再看另一个指数，结果又不一样。2005 年 1 月 1 日至 2021 年 12 月 31 日，沪深 300 指数复合年化收益率为

10.14%。显然，市场提供了赚钱机会，且给予了不错的年化收益水平。就指数代表性而言，沪深300指数是相对更好的指数，它由沪深市场中规模最大、流动性好的最具代表性的300只证券组成，于2005年4月8日正式发布，以反映沪深市场上市公司证券的整体表现，基本涵盖了上海和深圳两个交易所的蓝筹公司。

再说说基金经理。自2004年1月1日至2021年12月31日，偏股混合型基金指数涨幅1070.12%，年化收益率15.16%。需要关注的是，偏股混合型基金指数大致代表了同期偏股混合型基金的平均回报水平。国内公募基金发展了23年，不乏优秀基金管理人、优秀基金经理，甚至有不少基金创造出10年10倍之类的优异回报，大幅跑赢同期市场主要指数的回报水平。他们凭借着长期有效的投资策略、专业的团队支持、兢兢业业的投研工作，创造着超额收益。

最后说说投资者。公开数据显示，投资者通过购买偏股混合型基金获得的实际投资收益率，远远没有达到偏股混合型基金的平均收益率。2020年笔者的一位朋友全年投资收益率为26.32%，这一收益与上文提到的当年混合偏股型基金平均59.57%收益率相比真是相形见绌，但据其所在的某互联网销售平台数据显示，这位朋友已一骑绝尘地战胜了平台上99.55%的投资者。这是个别案例还是普遍情况呢？根据金思维的数据，2001年9月至2017年年底，投资者通过投资偏股混合型基金获得的平均年化收益率只有4.8%，相对于偏股混合型基金指数年化16.5%的收益（见图1.3），真是令人大跌眼镜。

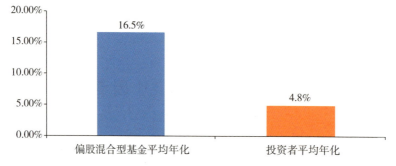

数据来源：偏股混合型基金数据来自证监会，投资者数据来自金思维；统计区间：2001/9/1—2017/12/31

图1.3 偏股混合型基金平均年化收益率与投资者平均年化收益率对比

尽管市场给予了机会，同时基金经理也体现了专业管理能力，然而投资者却没有获得这么好的收益。为什么会造成这样的结果呢？其实是因为投资者自己才是影响基金投资收益的最重要因素。

是什么制约了投资者这一最重要因素的正面效应

如前文所述，即使根据过往数据长期来看市场提供的上涨（β）和基金经理创造的超额收益（α）都有不错的回报水平的情况下，投资者的基金投资收益仍然有可能大打折扣。我们认为，个中缘由与投资者行为高度相关。投资波动带来情绪反应，情绪反应会产生不同的行为偏差，并由此做出可能错误的决策。总结来看，投资误区主要有以下几种：

第一个是期限错配。在投资之前，我们首先需要对每笔资金的投资期限有所预期（即多长时间内无须使用这笔资金），从而根据期限来匹配相应的资产。通常来讲，期限越长的资金，对波动越不敏感，对期间的波动不太会关注，或对期间波动的可承受能力较强，就可以投资于波动性更高的风险资产。

举个例子，亮亮的妈妈有一笔刚到期的理财，原本到期前她计划好了，这笔钱 10 年以后给亮亮结婚买房付首付。根据历史数据，我们知道，如果在周期低位进场，且找到能获取稳定和可持续超额收益的策略，持有权益基金 5 年以上，胜率其实很高，而且平均收益率可观。然而为了避免过程中的波动，她选择了常见的银行理财，自 2015 年 1 月 1 日至 2021 年 12 月 31 日总回报率为 34.52%。有点可惜，明明是可以承受一定波动的钱，简单求安稳全部买了理财产品，彻底牺牲了承受其间不确定的波动可能带来的较高收益。

反过来也一样。短期有明确用途的钱，买波动性高的权益产品，极有可能遭受短期的波动，会大大提高亏损的概率。如果我们对自己资金的性质、资金的使用期限和收益目标界定不清，就可能造成期限错配。很可能错过本该拥有的较高收益，甚至承担本可以避免的亏损。2012 年以来任意时点买入任意偏股混合型基金的收益情况统计见图 1.4。

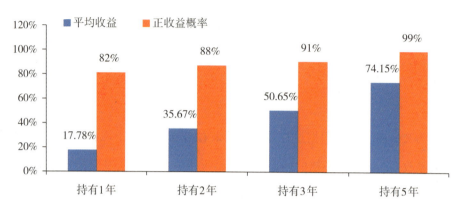

结论：偏股混合型基金，持有时间越长，正收益概率越高，投资收益越高

数据说明：此处偏股混合型基金以 Wind 偏股混合型基金指数（885001）为测算对象，各区间段平均收益数据与正收益概率数据均为简单平均数值

数据来源：Wind，统计区间：2012/1/1—2021/12/31

图 1.4　2012 年以来任意时点买入任意偏股混合型基金的收益情况统计

第二个是追涨杀跌。趋利避害是人的天性，投资者常会在市场连续上涨后，因为看见短期上涨，所以相信可以持续上涨，当市场涨到相对高位时蜂拥而入；同样地因为市场阶段性下跌，而在市场价格很"划算"的时候远离市场。国内公募基金发展的这 23 年，"市场好发不好做，好做不好发"的规律屡屡被证明，可见投资者行为常常与科学的参与方式反向。追涨得来的基金份额，造成参与资金结构的倒三角形，使平均持仓成本较高，所以并没有充分享受到基金的原本收益。更重要的是由于较高的持仓成本，市场短期波动就很容易造成浮亏，而避险情绪影响之下投资者又往往做出杀跌的投资决策。

第三个是以短看长。亮亮和妈妈不一样，他有承担风险的勇气、能力，于是挑了只热门基金，筛选的唯一标准是短期业绩 Top1，亮亮并不了解投资策略和逻辑，而是线性外推这个基金未来的收益。不巧的是在接下来的 3 个月遭受了较大回撤，把他准备买车的钱亏掉了不少，打乱了自己原本的资金规划。这个例子表明，基金的短期业绩并不代表未来，市场风格常常转变，我们也会经历牛市、熊市、震荡市，了解基金的策略和逻辑以及投资团队的长期管理能力并正确选择长期可持续的策略非常重要。

第四个是空仓盼牛。人们总是对牛市满怀憧憬。可是如果不在熊市中拿足便宜的"份额"，牛市和我们有什么关系呢？在现实中，人们空仓迎来了牛市，市场在投资者的犹豫中慢慢变牛，初期大家并不察觉，在牛市中期开始恍然大悟，在牛市中后期"勇敢"冲进市场，于是很可能又满仓等到了熊市。

第五个是频繁择时。追求掌控感是人的天性。在认知不够的时候，控制欲强可能是因为自己的骄傲，而骄傲常常会让自己付出代价。

亮亮在最初投资股票的时候就自以为可以精准择时，要买到最低点，卖到最高点，可却常常事与愿违。如今投资基金，虽然择时没有原来那么频繁，可还是常陷入希望精准择时反而追涨杀跌，最终错过应有收益这样的困境。殊不知我们经常为买到一个完美的低点而错过完美的底部，也因为错过底部而错失了区间涨幅。

综上，人性带来的感知失衡，可能换来投资行为偏差进而使我们陷入投资误区。我们须反复提醒自己的是，使投资者长期受益的决策通常是在没有强烈的情绪影响下做出的。

投资者如何把握自己的投资行为，
进而把收益落到口袋里

心理学中常常讲，"觉察"是行动的第一步。如果我们已经"觉察"到了自己是投资收益中最重要的一个环节，那么就会更加关注自身的投资行为。之后，我们选择值得信赖的基金管理人、基金经理和销售机构后，最重要的是提升认知，管理情绪。投资是一辈子的事，人生不仅需要财富，更需要身心平衡。这样一来，做有幸福感的投资者就不会只是梦想。

1.6 持有半年的基金终于赚钱了，怎么办

在我们持有基金的长期之旅中，由于均值回归原理，在起起伏伏中总有些阶段会迎来较为显著的反弹。每当这个时候，很多人一定会碰到那个磨人的小问题：前面我买的基金（仅指偏股型基金，下同），终于开始浮出水面赚钱了，这个时候欣喜中又夹杂着点小迷茫，接下来该怎么办呢？

根据我们多年的经验和观察，遇到上述情况的个人投资者大概有以下几种典型的情形，由不同心理导致，下面我们来一一分析。

第一，被套了半年(一年/两年)，终于解套了，赶紧跑!

对于个人投资者来说，这种反应很正常，实操中也是大有人在。我们思考后发现，大多数参与基金投资的人，最害怕的并不是亏钱，而是害怕当"韭菜"。所以一旦发现"被套了"，就以为"买错了"，但凡有机会不亏钱，不当所谓的"韭菜"，我们的第一反应大多是：终于解套了，快跑，远离镰刀。之后就会立刻安慰自己：我没亏钱，我不是"韭菜"。

《投资最重要的事：顶尖价值投资者的忠告》和《周期》的作者霍华德·马克斯说过：投资最重要的事之一就是，除了第一层的思维，还要有第二层的思维。那第二层的思维是什么呢？简单来说就是思考"我的第一反应"对不对。

我们所说的第二层思维又是什么呢？就是"我们做基金投资，是为了长期有

不错的收益。为了达到这一目的，过程中可以经历一些波动，最终获得较好的收益预期"。

解决方案：回归初心，长期持有

回顾最初做这笔投资时设定的目标是什么，希望它在自己的资产配置里起到什么作用。比如，如果当初想的就是为了作为底仓配置而长期持有，那么就不应该在这个时候赎回或者止盈。

历史数据显示，长期投资可以提升收益率和胜率。如图 1.5 所示，在不考虑买入成本的情况下，买入偏股型基金持有时间越长获得正收益的概率越高，且期间收益率水平也大大提高。

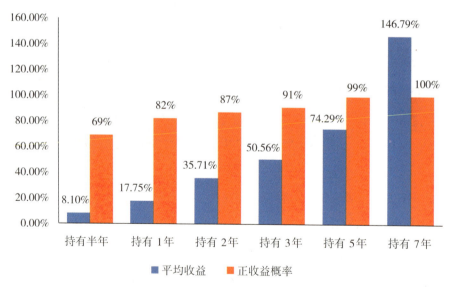

数据说明：此处以偏股混合型基金指数为指标，该指数按 Wind 二级分类标准将所有偏股混合型基金纳入其中，2012 年 1 月 1 日以来任意时点买入持有满半年/1 年/2 年/3 年/5 年/7 年的偏股基金各区间段平均收益数据与正收益概率数据均通过简单平均法计算所得

数据来源：Wind，统计区间：2012/1/1—2021/12/31

图 1.5　2012 年以来任意时点买入偏股混合型基金收益情况统计

第二，收益创新高了，我还能不能继续买？

与我们常见的追涨杀跌不同，投资圈中流传一句话：买跌不买涨。这句话其实就是从一个角度告诉我们尽量逆势布局，但是实际操作中还需要进一步细化，比如基金净值创新高了，或者是我自己的投资收益创新高了，是卖还是买？如果已持有的计划长期投资所以不卖，那还应不应该继续买？

解决方案：长钱长投

总体来说，在资产配置的框架下，需要遵循的原则是如果我们低配或者没有配置权益类基金，手上又有大量长期（3~5年，甚至更长时间）可能用不到的闲钱，尤其是当时市场环境下权益资产风险收益比相对较高的情况时，可以继续买。

特别是对于能承担短期波动的长期投资，可以一次性买入；但是如果是对短期波动较为敏感的投资者，建议通过分批定投的方法买入，可以分摊投资成本。

如果难以决定是一次性买入好还是分批买入好，建议采取两者结合的方式。比如100万元资金，先单笔买入50万元，剩余资金再设置一段时间定投的形式，这样上涨有仓位可以盈利，遇到下跌行情也不用担心，因为还有筹码可以买入而摊低成本。

第三，这一波反弹，我的基金没别的产品跑得快，要不要赎回老基金换赛道，买最近涨得快的基金？

心理学告诉我们，人的心理都受"锚定效应"的支配。所以，爱比较是人的本能。一旦经历过更高收益，就会"锚定"那个收益，后来跌下来就会很难受；看到别的基金涨得很好，也就会给自己设定个"锚"。

解决方案：先检视，再决定

我们认为一般换基金有几个逻辑：一是买的基金基本面有变化，比如基金经理有变化、投资风格出现偏移、基金规模无序增长过大等；二是长期表现欠佳；三是资产配置再平衡；四是找到了更好的产品。

短期跑得慢，并不一定代表这个产品不是好产品，我们常说"短期大多是运气"，实践中看，短期多半是风格因素造成的。如果确实担心，可以具体检视一下，检视的时候一定要注意以下几点：一是要在同类产品中比较，二是要和基准比较，三是要客观分析市场风格，是不是过去一段时间确实在不利的环境中。

当然，做到上述这些，其实很不容易，需要克复的挑战很多。从长期的经验来看，最简单的方式就是找一个专业的理财顾问。因为专业就意味着大概率，选择相信专业就是相信大概率的事。每当遇到文中提及的问题或者其他导致自己迷茫困惑的时候，记住这一条基本也就够了！

持有基金什么时候卖出

在日常的渠道服务工作中，我们会经常遇到来自客户的一个问题：我持有的基金，该什么时候卖出？这个问题其实仁者见仁，智者见智，很难说有一个标准答案。让我们展开聊聊。

长期持有时，想卖出怎么办

在长期持有的过程中，以下几种情况可能会让持有者动摇，也是广大投资者容易中途卖出的主要原因，我们不妨提前来面对一下，然后看看相应对策：

(1)短期赚钱了，担心收益回吐，希望落袋为安。这种想法很常见，本质上涉及在"短期的快钱"和"长期的大钱"之间进行选择。短期获利赎回虽然看起来赚到了，但其实后面会面临很多问题，也存在着更多的不确定性。比如：落袋之后还买不买？不买可能会让我们错过这类资产的长期收益。买的话什么时候买？如果涨了会不会觉得自己踏空了？如果跌了会不会想再等等？再具体到买哪一只？这些复杂的决策叠加起来，都做对且持续做对的概率其实非常低。简单举例：假设每个决策做对的概率为70%（这已经很高了，甚至高于股神巴菲特的长期投资胜率），那么连续做对5个决策的胜率是多少呢？这是一个简单的算术问题：70%的5次方，答案是16.8%，这个胜率可能远比我们想象的低。而且不经意的，我们可能失去了长期投资的一大馈赠——复利。通过一个简单的例子感受一下复利的力量：请算一下您的投资3年翻1倍需要每年赚多少钱？约33%吗？大可不必！每年只需赚到26%左右，经过复利的加成就可以实现3年翻1倍的目标。10年翻10倍呢？同样每年赚到26%左右即可，而非每年100%，中间的差额都由复利代劳。我们也能惊喜地发现规律：观察的时间维度越长，复利所体现出的力量就越惊人。当然权益类投资收益不能线性外推，每年的收益率是波动的，而且年度收益出现负数的概率也不低，即使股神巴菲特的投资也是如此。但优质基金对回撤的严格控制最大限度地支撑了正收益的概率，从而使投资者最大限度地享受着复利带来的红利。复利被称作世界第八大奇迹，可以说是价值投资长期获取可观收益的关键因素之一，也是巴菲特长期组合收益积累的金钥匙。所以，如果持有优质的基金，与其满足于小富即安，不如多点耐心，放长线、赚大钱。

(2)短期不赚钱甚至亏钱，害怕跌得更多，希望及时止损。从偏股混合型基金持有不同周期的胜率(见图1.6)我们了解到，短期不赚钱甚至亏钱是非常正常的事，不必过分恐惧和担忧。这就是权益类资产非线性收益的特点——波动伴随

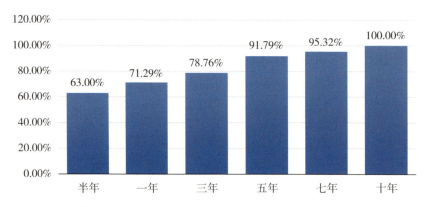

数据来源：Wind，统计区间：2004/1/1—2021/12/31

图1.6　Wind偏股混合型基金总指数滚动胜率测算

成长。在了解了这类资产非线性收益的特点和短期低胜率的特点之后，面临短期波动时我们也许就能更加从容一些了。如果基金本身的投资运作没有出现问题，那么波动反而是超额收益的来源。什么样的波动范围是合理的呢？数据显示，上证指数从 2001 年 1 月 1 日到 2021 年 12 月 31 日的平均年化波动率达到了 24.15%（见图 1.7），如果遇到像 2016 年股市熔断、2018 年中美贸易摩擦这样的极端行情，上证指数的波动率会更大，甚至能超过 40%，但反过来想，牛市时候市场也是能超预期上涨到不止这个幅度的。所以，对于股票基金这类波动伴随成长的资产而言，涨跌皆是常态，关键在于能否长期而理性地看待市场。那么怎样才能具备长期而理性的眼光呢？答案是做好资产配置！权益类基金投资只有建立在做好资产配置的基础上，将有较长投资周期的那部分钱投入进来（既不缺配又不超配），才能坦然面对短期波动。而只有承担足够的波动，才有机会收获这类资产的长期回报，正所谓"耐得住寂寞，守得住繁华"。

年度最大回撤	2021 年	2020 年	2019 年	2018 年	2017 年	2016 年	2015 年
上证综指	9.16%	14.62%	15.35%	30.24%	7.18%	24.96%	43.34%
沪深 300	18.19%	16.08%	13.49%	31.88%	6.07%	23.51%	43.48%

数据来源：Wind，统计区间：2001/1/1—2021/12/31

图 1.7　上证指数年化波动率

最关键的问题：什么时候卖出

很多投资者认为很高的收益率主要来源于买了哪只产品，或者买入的市场位置，但其实赎回决策对长期收益的影响往往是更大的，不当的赎回决策让投资者很难赚到权益类基金长期的高收益，还可能因为做出错误的决定，导致不赚钱甚至亏损。

我们建议：价值策略的基金产品很适合作为底仓，也就是压舱石，去赚长期收益（为什么是价值策略我们在《为什么坚持低估值价值策略》这篇文章中会为大家具体介绍），除非遇到以下情况，否则可以长期安心持有：

（1）用钱。如果是临时急着用钱，需要用钱的事情比长期收益更加重要，那么在基金开放的时候可以随时赎回。如果是有计划地需要用钱且将要发生在一段时间以后，那么可以选择定赎，即设置一个赎回周期，分期分批赎回，享受这个周期里平均的赎回价格。

（2）基金发生非良性的质变。所谓非良性的质变，主要是指风格漂移。好的基金应当"知行合一"，坚持一贯的投资风格和选股逻辑，投资者识别出基金的风格，意味着可以了解和追踪自己所投资的基金在赚什么样的钱，会冒什么样的风险。盈亏同源，周期普遍存在，没有时时表现都好的风格，但如果漂移了，很可能等不来均值回归。如果投资者基于配置的思路购买基金，那么基金风格的漂移会打乱投资者原有的组合配置，增加管理难度。除此之外，投资经理变更后业绩下滑明显、规模无序扩张超过能力圈、出现小微规模即将清盘等也可视为非良性的质变，需要重点关注。这个时候可以参考专业财富管理人员的建议，做赎回或者转换的操作决策。

（3）风险偏好的认知发生变化。比如之前由于不太了解基金产品和资产配置，配置比例过高，出现了"涨了坐不住、跌了睡不着"的情绪，那么认清自己的风险偏好和风险承受能力，进而把权益类基金调整到合理配置比例才有可能安心持有，才能更大概率赚到长期更好的收益，这个时候该赎就赎。

（4）资产配置再平衡。资产配置不是一劳永逸的，需要随着时间的推移定期进行动态再平衡。比如经过了牛市，权益类资产在整体投资组合中的实际占比会大幅提升，超出了原本合理的配置比例，那么就需要运用资产配置再平衡的方式重新调整各类资产的配置金额，适度减少权益类资产，补充到固收或者其他类型的资产中，让各类型资产的占比恢复到最初的合理水平。相反的，如果遇到熊市，权益类资产出现回撤，导致其占比降低到合理配置水平以下，这个时候往往比较便宜，反而可以多买一些（前提是基金本身没有发生非良性的质变）。基于资产配置再平衡而做出的赎回和购买决策往往属于理性决策，客观上促使我们克服追涨杀跌的人性弱点，享受逆向投资带来的超额回报。

最后，也是最重要的提示：购买权益类基金的钱需是"长钱"！

这是一个非常重要的前提。可能有投资者会心生疑问，我们为什么建议权益类基金要长期持有？

图1.6分析了长期业绩可观的偏股混合型基金指数不同持有周期的胜率（这里的胜率是指不赔钱的概率），我们惊讶地发现：持有半年获胜的概率仅为63.00%，而持有3年的胜率就可以提升到78.76%，持有5年胜率则达到了91.79%。这里包含所有时点买入的数据，包括2015年牛市最高位的5187点、2008年牛市最高位的6124点这样的极端情况。数据足以表明，当我们把时间拉长到3年或以上的投资周期，胜率就大大提升了。所以如果一定要给权益类基金投资一个相对高胜率的持仓时间建议的话，推荐至少是3年。

与此同时，我们如果能适度避开最火热的时间段杀入市场，或者使用定投的方式长期拉低持仓成本，则还能进一步提升我们的胜率。需要注意的是图1.6中的数据只是全市场偏股混合型基金的平均胜率，真正优秀的基金经理还能远超这个水平。关于如何选到长期业绩优异的产品我们会在其他文章里展开介绍。

本篇内容为您回答了持有的基金什么时候卖出的问题。虽然偏股混合型基金是一种长期高收益的投资品种，但也需要匹配"长钱"才能获得高胜率，在持有的过程中会有诸多因素考验我们的心态，引诱我们在不该赎回的时候放弃了一笔好投资。如何让长期持有这条路上的"绊脚石"变成"垫脚石"，希望本文可以帮您出点主意。如前文讨论，我们认为有四种情况是可以赎回甚至推荐赎回的，比如要用钱、基金非良性的质变、投资者自己的风险偏好和认知发生变化、需要资产配置再平衡的时候等。最后，低估值价值投资策略的产品，策略可复制、可持续、可事先解释，非常适合作为资产配置中权益类资产的底仓长期持有。投资是一辈子的事，希望能一起走很久，放眼长期，看看不一样的风景，收获不一样的投资体验。

1.8 买入基金后，要拿着不动吗

在我们持有基金的长期投资过程中，市场难免会出现不期而遇的频繁震荡。而在市场波动震荡之际，一些投资者看到基金净值下跌了，就开始抱怨"怎么买的基金又跌了""涨了几个月的收益，跌几天又回到原点了"……

市场起起伏伏，投资者心态也常受波动影响，越是频繁震荡的时候，纠结要不要"下车"的声音就越多。那么我们买入基金后，要拿着不动吗？这个问题我们需要辩证看待。

不可否认，长期投资真的"太香了"

一个现实问题是，知道长期投资重要性的人很多，然而知易行难，真正做到的却少之又少。这种现象的出现与投资者的损失或者风险厌恶心理、羊群效应等行为偏差有关。

比如投资者常常希望市场无止境地上涨，自己持有的基金1周、1个月就能实现非常高的收益，但权益市场波动起伏才是常态，在市场下跌时，投资者也可能不得不面对短期的亏损，这时比较考验投资者的耐力，管住短期交易的手，践行长期投资的理念才能更好地达成自己的投资目标。

因为罗马不是一天建成的，而等待优质基金创造超额收益也需要足够的时间。

图 1.8 可以给出答案，过往 15 年，普通股票型基金指数、偏股混合型基金指数、灵活配置型基金指数分别上涨 545.67%、463.94%、383.60%，都超过了同期上证指数、沪深 300 的表现。

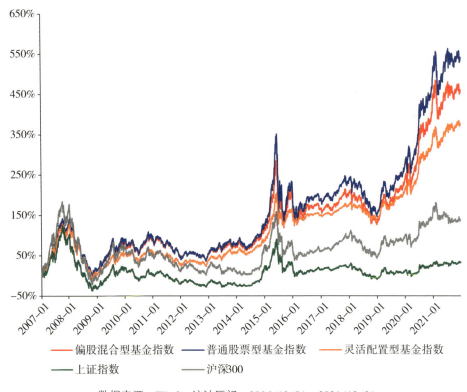

数据来源：Wind，统计区间：2006/12/31—2021/12/31

图 1.8 不同指数走势图

同时，长期投资除了能带来不错的收益，也能为我们节省一定的投资成本。

因为短期操作要考虑买点和卖点，对于普通投资者而言，既要有足够的专业能力去择时，也要有足够的精力去盯盘。

市场波动起伏，谁也没办法真正预测市场何时封顶何时见底，费神费力的成本之外，短期频繁申赎的手续费多少都一定会侵蚀本金，投资成本也会增加。同时，由于择时的胜率并非 100%，操作频率越高，踏空的可能性也就越高。

一般而言，持有基金如果像炒股票一样频繁买卖、进行短线交易，对普通投资者来大概率吃不消，八成最后发现"一顿操作猛如虎，一看收益 0.5%"。

因此我们应当明白，基金需要"长期投资"并不是凭空想象的蒙人招数，而是经过反复历史验证得来的。如巴菲特、彼得·林奇等投资大师，都是长期投资的坚定践行者。注重企业的基本面和内在价值，坚持长期投资，这才是基金投资的真谛。

长期持有中也要有变化的思维

需要注意的是，投资基金，特别是权益类基金，长期持有能够提高赚钱的概率，但并不意味着长长久久，相伴终生。

长期投资往往还容易遇到另一个挑战——持基不诊断。这里需要强调的是，在持有基金时，长期持有而非僵化持有、永远按兵不动是有条件的，当决定长期持有一只基金时，不妨经常问问自己下面三个问题。

1. 我买的基金适合长期投资吗

业绩是验证基金是否优秀的标准之一。虽然过往业绩不代表将来业绩表现，但过往长期业绩表现优秀，至少能说明这只基金过往长期能保持较为稳定的水平，如果投资策略不发生质变，可以作为长期持有的参考指标。

再看看基金的投资策略和理念，比如如果持有的基金遵循的是低估值价值投资策略，这类策略深挖低估值、低风险、高成长性的股票，可以为投资组合带来足够的安全边际和有效的预期回报。

因此，长期持有是以"信得过"的基金为前提，如果持有的基金投资策略长期看起来没有那么靠谱，那很有必要考虑转换。

2. 基金发生异常情况了吗

这里说的异常情况主要指某只基金受政策影响较大、发生重大违规事件、基金经理频繁变更、基金规模无序增长等情况。这些情况的发生一般都会对产品造成短期负面影响，如果频繁发生，要期待优异的产品业绩就太难了。

尤其对主动型基金来说，基金经理是灵魂人物，其投资理念、投资能力、投资风格会对基金运作产生较大影响。如果持有的基金其基金经理经常更换、投资风格频繁变动，这时则需考虑基金是否应继续持有了。

3. 有紧急使用资金的需求吗

投资是为了更好地生活，基金是否"拿着不动"也要根据实际情况来判断，如果短期急需使用资金，当然可以考虑适时退出，这时无论盈亏都不那么重要了。当然，一般我们遇到的情况是要用点钱，需要赎回个别基金，那么赎回哪只？怎么赎？这就又是另一个话题，本章的《需要用钱怎么赎》有具体的分享，这其中也有误区，也很有趣！

总体而言，权益类基金适合中长线布局，但长期持有并不等于买入后不闻不问，更不等于僵化持有。是否长期持有还是要综合考虑市场走势、投资风格、盈亏情况、预期收益目标等多种因素。如果做好了资产配置，选好了信赖的管理人，了解了具体产品的投资策略和逻辑，做好了资金期限的匹配，那么就可以放心地交给时间，长期持有了。

相信长期的力量，投资如此，生活亦如此。

比如读书，坚持阅读可以使眼界变宽，丰富精神境界。

比如跑步、减脂塑形，持之以恒提高精气神和活力。

比如投资，不要高估短期波动的影响，也不要低估长期投资的力量，静待时间玫瑰绽放。

1.9 作为"基金小白"，如何做定投

很多投资者在接触基金投资的时候，经常听说一个词叫作"基金小白"，基金小白到底指的是哪类群体？其实普通投资者在各自的生活中都有自己的职业和专长，而对于基金知识的储备大多数往往是欠缺甚至是空白的。在基金投资中，对于基金公司、基金经理、投资风格、市场研判等方面知识的了解和分析，是一个系统性的工程。所以，没有很多精力投入基金投资研究的普通投资者，都可以称为"基金小白"，甚至某种意义上讲，我们都是"基金小白"。

那么有没有一种适合"基金小白"的投资方法呢？我们认为，定投其实就是为"基金小白"量身打造的一种方法，看似简单实则是基金销售机构通过严谨的定量和定性分析得出的科学方法。销售机构通过优选基金管理人和基金经理，帮助我们优选出适合定投的基金，并在系统上尽可能简化、优化，让我们在扣款频率、扣款金额、扣款时间方面方便操作，最终让"基金小白"的投资更便捷。

什么是基金定投

说到基金定投，它的概念其实可以用三个"定"字来描述：固定的时间、固定的金额、固定的基金。比如每周的星期四、一万元钱、投资到某基金产品中，就是基金定投。

看似简单的三个"定"字，其背后隐藏着深刻的投资心理逻辑。在市场中要赚钱，最难的莫过于选择时点买入和卖出。按下买入和卖出键的手是受投资者每天的情绪波动影响的，受到情绪影响的投资者最终有可能买在了"群情激昂"的高点，卖在了"万念俱灰"的底部，最终追涨杀跌，成了所谓的"韭菜"。定投的三个"定"字很好地解决了追涨杀跌的问题，既然是事先约定的买入时点和买入金额，情绪影响的因素就被有效规避了。

为什么基金定投适合"基金小白"

基金定投可能是所有投资基金的方法中最容易操作和坚持的，它在选择的开始就给我们植入了长期的理念，几乎一瞬间帮助我们解决了择时困境。所以定投的方法也是最适合"基金小白"的，因为"基金小白"最缺乏的是选择基金的必要知识和在市场波动中判断时点申购和赎回的决断力，其实这个"力"绝大多数人甚至机构也没有。基金定投由于其逻辑的简单、完整和操作上的简便性，很好地解决了"基金小白"的痛点。只要选择好定投标的基金以及投入的开始时点和间隔时间，同时设定好每次扣款的金额，几乎所有销售机构的系统都可以定时定额地扣款完成申购，真正做到省心省力。

我们应该如何定投

如何做定投才能让我们在投资中有不错的预期收益呢？在定投中需要注意以下三点才可以更加有的放矢。

1. 定投开始的时点不重要

在图1.10中我们假设定投的标的是上证指数，选择的时点是上证指数有史以来的最高点 6124 点，近 14 年内的最低点 1664 点和中间点位 4000 点，选择这 3 个有标志性意义的点位来开始定投，假设停止的时点是上一轮牛市的最高点 5178 点。

之所以选择上证指数作为我们的定投标的，并不是因为上证指数是非常好的标的，而是因为上证指数是我们比较熟悉的标的。上证指数的特点在于波动幅度较大，但是历史长期趋势并不特别向上。我们可以看到，在选择了上述比较有代表性的 3 个时点开始定投后，最终结束时最高和最低的定投总收益结果之间差距并没有想象中的大，相差只有 9% 左右。同时，年化收益率方面，首尾差别也只有 3% 左右。

从这组定投测算数据可以看到，即使我们选择了极端值作为定投开始的时点，收益的差别也并不大，这就可以说明定投开始的时点并不重要。

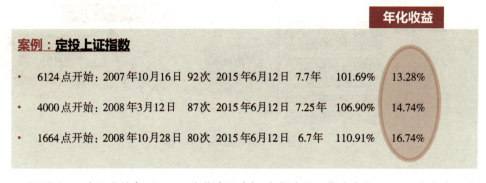

特别说明：定投收益率=［（sum（每期定投金额/每期净值）×期末净值)/（sum（每期定投金额×投资期数)）］-1；以上定投测算按月扣款，不计交易成本

数据来源：定投计算器，Wind

图 1.9 定投上证指数年化收益

其次是坚持，弱市之中不要停止定投。

在下跌的市场中，看到之前定投的资金在亏损，我们很容易无法坚持而停止定投，这是非常可惜的做法。从下面的例子中我们可以看到（见图 1.10），假设在不计申购费率的情况下，在单位净值不断下跌的过程中，原本我们每期投入的

300 元钱，第 1 期可以买到单位净值 1.5 元的基金 200 份；而第 2 期时，我们就可以买到单位净值 1 元的基金 300 份；到了第 3 期我们用 300 元就可以买到单位净值 0.5 元的基金 600 份。我们用相同的投资金额可以买到更多的基金份额，其平均成本并不是想象中的简单平均数，而是被加速摊薄了。所以，在选择的投资标的没有问题的情况下，我们应该越跌越买，也就是在弱市中不要停止定投。

一个简单而极端的例子，每月300元的定投，3个月内大幅下跌：

	单位净值	申购金额	获得份额
第1期	1.50	300元	200
第2期	1.00	300元	300
第3期	0.5	300元	600
合计：		900元	1100 份
盈亏点：	900 / 1100 = 0.818元		

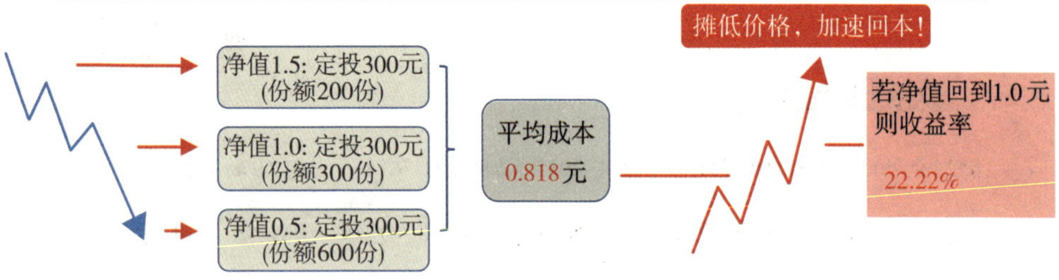

净值1.5: 定投300元（份额200份）
净值1.0: 定投300元（份额300份）
净值0.5: 定投300元（份额600份）

平均成本 0.818元

摊低价格，加速回本！

若净值回到1.0元则收益率 22.22%

图 1.10　下跌市场中定投收益

当然，我们说的越跌越买是有前提条件的，就是我们选择的基金是一只长期可以创造收益的好基金。如果选择的是一只长期趋势向下的基金，那么无论我们如何坚持都无法得到预想的结果。

例如我们看到的图 1.11 中的申万活跃指数，申万活跃指数每周更新成分股，成分股选择上周成交量排名前 100 的股票等权重编入指数，每只股票占比 1%。由于指数编制规则的原因，它很好地演绎了长期追涨杀跌的结果。指数基期为 1999 年 12 月 31 日，基点为 1000 点，根据公告自 2017 年 1 月 20 日收盘后（收报 10.11 点）该指数摘牌不再更新。历时 18 年，该指数下跌 98.99%。

数据来源：Wind，统计区间：1999/12/31—2017/1/20

图 1.11 申万活跃指数（801862）

如果我们用定投的方式投资了这个指数，那么即使越跌越买，最终也是竹篮打水一场空。所以定投时，选择好标的是非常重要的。当然，目前我们的财富管理机构在动用自己的一切智力资源和行业资源为客户优选基金，因此它们通常为我们"基金小白"推荐的定投标的基金，大多数可以称为长期向上的好基金。

最后一个关键词是"结束"，要用钱的时候再赎回基金。

关于何时结束定投的问题，我们建议在基金经理没有发生变更、基金公司治理结构没有出现大的变化、基金投资风格没有出现漂移并且基金的管理规模没有无序扩张的时候，如果不用钱就可以不赎回基金。

而真正需要用钱的时候，我们也可以提前做好安排，分批赎回，这样就可以避免单笔赎回时碰巧遇到阶段市场低点的情况。分批赎回也有可以规范化的手段来帮助我们操作，这就是神奇的定赎（见图 1.12）。定赎是类似于定投的操作方式，只是将申购基金改成了赎回基金。定赎方便我们约定赎回份额、赎回时间以及时间间隔，定期定额地赎回基金。这样既可以帮助我们对自己的资金做长期打算，也可以帮助我们在赎回动作上做到简单方便。

总体而言，基金定投是简单、便捷的投资方法，由于其对投资者在操作上比

情景1

● 孩子10个月后，需要一笔10万元的教育开销

情景2

● 一年后，需要一笔120万元的购房首付款

情景3

● 半年后有更换新车的需求，开销在40万元左右

★ 定赎让客户提早计划自己的流动性安排

★ 从进、出两端培养客户的长期投资理念，形成逻辑闭环

★ 为客户全面规划投资、生活需求

图1.12　神奇的投资方法：定赎

较友好的特性，因此特别适合作为"基金小白"的我们。再简单的投资基金方法也不代表我们买入基金后就什么都不用关心，躺赢稳赚。在定投中需要注意：定投开始的时点不重要、弱市中不要停止定投、用钱的时候再赎回。当然选择长期趋势向上的好基金进行定投是成功的关键。有了这些逻辑和心态上的准备，相信"基金小白"的基金投资之路会走得更顺畅、自信。

需要用钱怎么赎

　　我们做投资，归根到底是为了资金的保值增值，以备需要时使用。也就是说，做好资金使用期限的规划、选好匹配标的，这样当对应的资金使用需求发生时，我们的资金购买力是提升的，或者起码能够不减少。本文所提出的这个问题其实还有一个非常重要的前提，进行投资的正确"打开方式"是做好资产配置、选好管理人，然后给它时间。那么什么时候结束一笔投资呢？在基金投资领域对应的就是什么时候赎回呢？显然是需要用钱的时候。那么需要用钱怎么赎？我猜大多数朋友会说这不是废话吗？怎么买的怎么赎，在哪儿买的在哪儿赎，需要多少钱赎多少钱，这些都对。

　　"怎么买的怎么赎"说的是操作方法，"在哪儿买的在哪儿赎"说的是与具体购买渠道的对应，以前的实际操作中经常有朋友来问 App 里显示有份额啊，怎么不能赎，然后一问在哪儿买的就顿悟了，不管在哪儿买的某公司产品在这个公司的 App 或官网里都有显示，但是在哪儿买的就得在哪儿赎回。

　　至于"需要多少钱赎多少钱"，这个事就有点讲究了，对于日常临时的周转，确实直接赎回相应资金就好。但是针对权益类产品，在长期投资安排之下，一般会是比较大的、有计划的用度才会考虑赎回，这些用度包括但不限于结婚、买房、教育还有养老等。这个时候简单一次性赎回也许就不是最好的方法了，因为权益类投资品种波动较大，赎回动作发生的时间点可能会较为严重地影响最终的投资收益，那么选择单笔赎回就一定面临具体"择时"的问题。怎么办呢？我们推荐"定赎"这个工具，即在固定时间(频率可以为每月、每周，甚至是每日)、按自己需要的总资金分笔赎回对应固定产品的固定金额。

说起基金"定赎"，很容易让大家想起耳熟能详的"定投"。定投是一种更常见的投资方式，而"定赎"就像是把定投反过来操作。A股市场波动较大，很多投资者期望在其中通过低买高卖赚钱，但"择时"其实非常困难，没有人能精准判断市场短期走势，大部分人最后反而追涨杀跌亏了钱。所以在买入权益类资产时，我们推荐基金"定投"，让投资者淡化择时、长期来看摊薄成本，更重要的是通过定投这种从一开始就相对"耗时"且无须投资者频繁自行操作的投资方式帮助他们更好地实现长期投资。那么问题来了，择时一定是错的吗？为什么要坚持长期投资呢？底层逻辑是市场短期大多随机漫步，但长期往往回归价值，对于没有100%胜率的事儿比如择时，尝试次数越多，胜率越低，牺牲胜率不如选择对市场示弱、接受不确定性、不尝试择时，获取这个阶段确定的平均水平，或拉长时间获取长期相对更确定的收益。其实"定赎"的底层逻辑和"定投"一致。

我们用某基金来举个例子。假设2021年11月7日，出现15个工作日后需要使用10万元周转金的需求，考虑到赎回资金到账的时间(一般3~5个工作日)，我们从11月8日开始以前交易日的净值为参考，连续10个交易日各赎回1万元，随机选取该基金那几天的净值(为计算方便，暂不考虑赎回费率)，最后的结果见表1.3，10个交易日下来拿到10万元的平均价格是1.2845元。

表1.3　　　　　　　　10个交易日赎回的平均价格

日期	前日单位净值(元)	赎回份额(份)	赎回金额(元)
2021/11/8	1.2681	7885.81	10000
2021/11/9	1.2813	7804.57	10000
2021/11/10	1.2740	7849.29	10000
2021/11/11	1.2768	7832.08	10000
2021/11/12	1.3019	7681.08	10000
2021/11/15	1.2916	7742.34	10000

续表

日期	前日单位净值(元)	赎回份额(份)	赎回金额(元)
2021/11/16	1.2897	7753.74	10000
2021/11/17	1.2870	7770.01	10000
2021/11/18	1.2895	7754.94	10000
2021/11/19	1.2860	7776.05	10000
小计		77849.92	100000
平均价格(元)	1.2845		

对比一下这些天的具体情况，我们确实错过了1.3019元的最高价，但是我们也规避了1.2681元的最低价。如果我们不知道定赎这个方法，计划一次性赎回时会发生什么？11月8日看到前日净值1.2681元，有点犹豫，想了想，看看当天的净值吧。晚上净值出来一看，1.2813元，很开心，感觉自己挺牛的，您看涨了吧，又多赚了一点！然后11月9号赎不赎呢？八成不赎，估计还会涨的，然后晚上当日净值出来，1.2740元，懊恼！哎哟喂，昨天赎了就好了，明天一定要赎掉，第二天一旦都赎回来，对应净值1.2768元。又或者犹豫不决一直等到实在要用钱没办法，在最后一天11月19日一笔赎回，但其中每天都在做斗争，大家可以试想是不是这个心路历程。

最终价格的差异不是最重要的，短期对收益的影响其实有限，但是反复纠结于到底哪天赎回，情绪就被干扰得厉害，背离了我们开心投资的初衷。更重要的是如果计划赎回的产品短期净值表现与预期背离很大，我们很容易在情绪干扰下选择调整赎回的产品进而打乱原有的资产配置安排。就像定投可以帮我们避免在市场热度不断加剧的时候盲目追涨一样，定赎可以帮助我们有效避免由于市场大幅波动持续观望，而最终盲目调整资产配置安排的问题。资产配置作为正确投资方式的第一步是保障长期投资的源泉，它对于我们的长期投资收益影响深远。根据实际需求，做好不同阶段的资金使用规划，能帮我们减少市场大幅波动下的心态波动，使我们更从容调整自己的资产配置组合和应对市场。

所以我们建议：对于权益类基金投资对应的有计划、长周期的资金使用需求来说，提前通过合理的定赎方式在既定的时间获得资金是很好的资金安排方法。具体的频度跟市场环境、我们的情绪以及认知都有关系，可以跟身边的专业人士进行讨论并做相应安排。其实和定投一开始植入长期理念和瞬间解决择时困境类似，定赎是完美的延续和闭环的逻辑。只有提前为自己的资金使用需求做好预规划，更好地为未知的市场情况做好准备，面对大涨大跌，行为从容不迫了，内心才会平静安详。

一辈子很长，在此过程中不管是我们有意识还是无意识，我们的资产总是以固定资产、银行存款、活期理财、权益投资等多种形式存在，而这本身就是一种资产配置。因此对于投资理财也建议大家站在人生全局观的角度做规划和布局。我们常说，"定投买价值投资策略的产品是最好的价值投资实现方式"，跟这句话一样，"定赎卖价值投资策略的产品也是最好的价值投资实现方式"。

投资是一辈子的事，我们要一起走很久，如何保障长期安排不被打乱？做好资产配置、选对管理人、给它时间，赎回选在用钱时。怎么赎？资金使用预规划，定赎！

第二章

远离误区·让它简单：
做好资产配置，
选对基金管理人，给它时间

2.1 投资中的"不可能三角"

随着科学的发展和社会的进步，很多过去不敢想象的愿望都在逐步实现。但是，总是有那么一些事情，好像怎么努力都很难获得自己想要的结果。比如，理想的工作是既要高薪，又要清闲，还要离家近；去饭店吃饭既要好吃，又要人少，还要便宜。

事实上，我们会发现很多时候鱼和熊掌难以兼得，更别说既要、又要、还要了，这些几乎都是"不可能三角"。不仅生活中会遇到"不可能三角"，在经济学中也存在"不可能三角"。

什么是"不可能三角"

1999 年，美国麻省理工学院教授克鲁格曼在蒙代尔–弗莱明模型的基础上，结合对亚洲金融危机的实证分析，提出了"不可能三角"（impossible triangle/impossible trinity theory）。

"不可能三角"指在选择经济社会和财政金融政策目标时所面对的三者无法兼得的困境：例如一个国家不可能同时实现资本流动自由、货币政策的独立性和汇率的稳定性，想要获得其中两者，则必须牺牲第三者。

事实上，"不可能三角"在很多经济领域普遍存在。在商业世界中，高毛利、低费用和高周转也是一组不可能三角，任何商业模式的构建都只能最多追求其中两项，而舍弃第三项。

投资中的"不可能三角"

具体应用到投资中，也存在典型的"不可能三角"（见图2.1），即在一个有效的金融市场中，高收益、低风险和高流动性三者是难以兼得的。

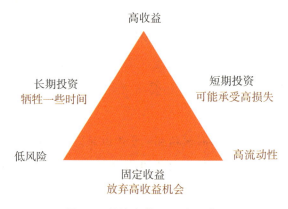

图 2.1　投资中的"不可能三角"

如果选择高流动性+低风险的资产，收益不一定高。例如货币基金、短期理财、活期存款等现金类理财产品，这类产品安全性较高、风险较低、流动性较高，随时可以转化成现金，但是收益率普遍较低。

如果选择高流动性+高收益的资产，相应承担了高风险。最典型的即为投资股票，长期来看，这类资产的回报高于存款、国债、货币基金等现金类理财产品，其流动性相对较高，但是风险也相对较高。比如投资股票，看起来收益很高、流动性很好、变现容易，今天买了明天就可以卖掉，但选对标的很重要。炒股非常考验投资者的专业性，不管是选股还是择时都非常困难，而即使是专业投资者具备了选择优质标的的能力，也很难连续精准择时，而由于股价波动性相较前面提到的理财产品更高，发生大幅亏损的概率也更大。特别是进场后，如果短期市场波动较大，投资者无法忍受波动、承担风险而选择非理性卖出，可能会承担较大的损失。

如果选择低风险+高收益的资产，投资者可能就需要选择放弃流动性了，也就是持有一定时间"忍耐"短期市场带来的波动。比如，如果有 3~5 年长期不使用的资金，则可以定投或投资偏股型基金。很多投资者重视短期价格的波动，却忽略了波动和收益之间其实还隔着"期限"。如果投资期限很短，那么波动确实是风险。但如果将投资期限延长，那么波动就不一定是风险，因为最终的收益只与买入点和卖出点有关。时间越长，波动对于收益的影响就越小。

根据 Wind 数据，2012 年 1 月 1 日至 2020 年 12 月 31 日这 10 年间，在任意时间点买入偏股混合型基金，持有 1 年获得正收益的概率是 82%，而持有 2 年、3 年和 5 年获得正收益的概率分别上升到了 88%、91% 和 99%；另外，随着持有时间的拉长，平均收益率也在增加，持有 1 年的平均收益是 17.78%，而持有 2 年、3 年和 5 年，平均收益率分别上升到了 35.67%、50.65% 和 74.15%（见图 2.2）。（风险提示：基金有风险，投资需谨慎，基金过往表现不能代表未来收益）

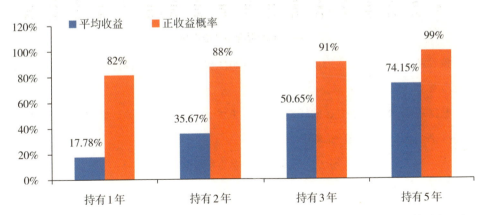

说明：此处偏股混合型基金指数以 Wind 偏股混合型基金指数（885001）为测算对象，各区间段平均收益数据与正收益概率数据均通过简单平均法计算所得

来源：Wind，统计区间：2012/1/1—2021/12/31

图 2.2　2012 年以来任意时点买入偏股型基金收益情况

根据 Wind 数据，偏股混合型基金指数 2004 年 1 月 1 日—2021 年 12 月 31 日累计收益达到 1070.12%（见图 2.3），其间涨幅超过 10 倍，如果我们牺牲了这十几年间的流动性，就有机会获得其中完整的较高收益了。

如果有人告诉您，一个理财产品收益率很高，每天可以申购赎回，还能保本，那么这可能是一场骗局，例如曾经"风靡一时"的 P2P 理财产品，看上去似乎符合三者兼得的情形，但惨痛的结果告诉我们其实它的风险极高。

偏股混合型基金指数：2004 年 1 月 1 日—2021 年 12 月 31 日区间涨幅 1070.12%（区间年化收益 15.16%）

数据来源：Wind，统计区间：2004/1/1—2021/12/31，此处的偏股混合型基金指数为 Wind 偏股混合型基金指数（885001）

图 2.3　偏股混合型基金指数累计收益

如何应对"不可能三角"

由此便不难理解，为何长期回报率高的资产往往波动也大；而波动越小、收益越稳定的资产，其长期回报率相应也越低。如何适应"不可能三角"，或许有两种方法：第一种是学会"放弃"，即如果三者无法同时实现，我们需要学会适当放弃其中一者来成全另外两者。比如权益基金的投资中，为了能够获得更高回报的长期收益，就必须提高对波动的容忍度。

第二种是用资产配置的方法解决"不可能三角"，如果一种产品无法实现"不可能三角"，或许好的资产配置可以帮助我们解决这一难题。了解了投资中的"不可能三角"我们就能更好地运用投资品具备的属性来帮助自己进行理财。有舍必有得，投资的本质即付出一定时间，在可以承担的风险范围内获取相应的回报。那么有没有什么产品能让投资者一次性满足安全性、流动性、收益性这三个方面的需求呢？其实任何单一产品都很难做到，但是符合自己需要的资产组合配置方案或许可以帮我们达到这个效果。资产配置是根据投资者的投资目标、风险承受能力和流动性要求，确定资产组合的各种主要资产类型、投资区域等各项配比，构建有效的投资组合，最大化投资者在承担一定风险下获取的收益，或者最小化投资者在获取一定收益下承担的风险的投资方式。不同投资者由于年龄、收入、风险偏好不同，往往具有不同的资产配置。因此，应当根据自身的实际情况，确定合理的资产配置方案。资产配置是我们进行长期投资的基础和源泉，如果做好了资产配置，我们的情绪就不会因市场大起大落而起伏不定，往往会用闲庭信步、细水长流的心态去面对波澜诡谲的市场变化，大势起落都能从容应对。归根结底，投资是为了让生活更美好，赚让人安稳、睡得着觉的钱，过快乐的日子。

"不可能三角"不仅广泛存在于我们的日常生活中，也切实地影响着我们的投资实践，我们或许永远无法买到那个同时满足低风险、高流动性、高回报的完美的理财产品。投资是一辈子的事儿，虽然不一定有最完美的产品，但是能找到最适合自己的资产组合方能长期坚持，最终收获复利的果实。

看遍市场轮动，更懂资产配置的可贵

市场风格的轮动变化是股票市场自身运行的基本特征，A股市场在多数时候呈现"结构性行情"，分化是常态，普涨和普跌的时间都比较少。分化的具体表现就是各类风格和板块间的轮动变化。那么为什么说越是了解市场轮到的现象，就越要做好总产配置这件事呢？下面我们就此做进一步挖掘探讨。

市场轮动频繁，精准跟上节奏太难

数据显示，无论从大类资产角度还是从A股行业角度来看，市场轮动都是常态。过去10年，各大类资产轮动频繁，而且基本没什么规律可言，其范围涉及黄金、房价、恒生指数、股票基金等多个领域（见表2.1）。

表 2.1   **2012—2021 年各大类资产收益情况**

年份	黄金	中证全债	房地产	标普 500	恒生指数	普通股票型基金指数	沪深 300	货币基金
	882415.WI	H11001.CSI	882011.WI	SPX.GI	HSI.HI	885000.WI	000300.SH	H11025.CSI
2012	24.66%	3.52%	32.19%	13.41%	22.91%	5.68%	7.55%	3.97%
2013	−48.65%	−1.07%	−11.95%	29.60%	2.87%	15.47%	−7.65%	3.95%

续表

年份	黄金	中证全债	房地产	标普 500	恒生指数	普通股票型基金指数	沪深 300	货币基金
	882415.WI	H11001.CSI	882011.WI	SPX.GI	HSI.HI	885000.WI	000300.SH	H11025.CSI
2014	34.19%	10.82%	74.12%	11.39%	1.28%	23.68%	51.66%	4.60%
2015	31.09%	8.74%	53.32%	−0.73%	−7.16%	47.02%	5.58%	3.62%
2016	6.19%	2.00%	−19.10%	9.54%	0.39%	−12.39%	−11.28%	2.61%
2017	−1.61%	−0.34%	3.54%	19.42%	35.99%	16.06%	21.78%	3.84%
2018	−18.55%	8.85%	−26.69%	−6.24%	−13.61%	−24.33%	−25.31%	3.75%
2019	31.74%	4.96%	26.47%	28.88%	9.07%	47.03%	36.07%	2.66%
2020	51.52%	3.05%	−9.32%	16.26%	−3.40%	58.12%	27.21%	2.13%
2021	−1.15%	5.65%	−10.26%	26.89%	−14.08%	9.62%	−5.20%	2.28%

数据来源：Wind，数据截至 2021/12/31

大类资产太难捕捉，如果把范围缩小到 A 股呢？

其实也存在类似的情况。据 Wind 统计，过去 20 年中 28 个申万一级行业也时常切换，呈现你追我赶之势，上一年好的，下一年不一定好，上一年不好的下一年说不定就来个"咸鱼大翻身"。如果仅持有单个行业，那么轮动多频繁，痛苦来得就有多频繁……

行情切换快只是一个方面，投资不够理性也是致"绿"的一个因素。据 Wind 统计，过去 15 年间上证指数点位越高，成交额越大，基金发行份额也越大。涨得越厉害，买得越多，如此一来，投资者很难避免"高位站岗"，不知不觉就成了"韭菜本菜"。

资产配置比您想的管用

对 A 股投资者来说，最好的投资方式其实是"以不变应万变"。市场轮动就意味着"东边不亮"总有"西边亮"，根据这一点，如果能够合理做好资产配置，就会起到意想不到的效果。

假设现有 A 和 B 两类资产，根据这两类资产设计三种投资方案，第一种：全投资 A；第二种，全投资 B；第三种，A、B 资产各投一半，两个涨跌周期后的最终收益见表2.2。

表 2.2　　　　　　　　　　A 和 B 两类资产不同投资方案的收益

	方案 1： 全投资 A	方案 2： 全投资 B	方案 3： A、B 资产各投一半
假设第一轮收益率	100%	10%	55%
假设第二轮收益率	−50%	10%	−20%
累计收益率	0%	21%	24%

特别说明：以上测算不考虑任何交易成本；计算方式：累计收益率=(持仓金额−本金)/本金×100%

由上表可以看到，通过 A、B 两类资产的再平衡，可以实现牛市锁赢、熊市补仓的作用，同时还有平衡波动的效果。

如果将这种策略运用到市场中会如何呢？将沪深 300 和中证全债做不同比例的配比，其结果见表2.3。

表 2.3　　　　　　　　　沪深 300 和中证全债不同投资方案的收益

年份	沪深 300	中证全债	30%股70%债	50%股50%债	70%股30%债
2005	−7.65%	11.83%	5.99%	2.09%	−1.81%
2006	121.02%	2.81%	38.27%	61.92%	85.56%
2007	161.55%	−2.41%	46.78%	79.57%	112.36%
2008	−65.95%	15.94%	−8.63%	−25.00%	−41.38%
2009	96.71%	−1.40%	28.04%	47.66%	67.28%
2010	−12.51%	3.10%	−1.58%	−4.71%	−7.83%

续表

年份	沪深300	中证全债	30%股70%债	50%股50%债	70%股30%债
2011	−25.01%	5.88%	−3.39%	−9.56%	−15.74%
2012	7.55%	3.52%	4.73%	5.54%	6.34%
2013	−7.65%	−1.07%	−3.04%	−4.36%	−5.67%
2014	51.66%	10.82%	23.07%	31.24%	39.41%
2015	5.58%	8.74%	7.79%	7.16%	6.53%
2016	−11.28%	2.00%	−1.98%	−4.64%	−7.30%
2017	21.78%	−0.34%	6.30%	10.72%	15.14%
2018	−25.31%	8.85%	−1.40%	−8.23%	−15.06%
2019	36.07%	4.96%	14.29%	20.51%	26.74%
2020	27.21%	3.05%	10.30%	15.13%	19.96%
2021	−5.20%	5.65%	2.39%	0.22%	−1.94%
总收益	394.04%	118.48%	327.40%	441.77%	493.25%

数据来源：Wind，统计区间：2005/1/1—2021/12/31

测算方法：30%股70%债＝沪深300×30%＋中证全债指数×70%；50%股50%债＝沪深300×50%＋中证全债指数×50%；70%股30%债＝沪深300×70%＋中证全债指数×30%

每年初将组合股/债比例分别重新平衡为3∶7，5∶5，7∶3

不难发现，股债搭配的投资方案不仅能够收获不错的长期收益，而且能够分散单一市场的风险，获得更好的风险收益。其中股债5∶5配比方案的收益甚至超过全仓股市的收益，确实起到了牛市锁赢、熊市补仓的作用，这就是资产配置的魅力。

而在实际中，每个家庭都有属于自己的标准普尔资产象限图（见图2.3）。具体分为四部分：（1）保本升值的钱；（2）要花的钱；（3）生钱的钱；（4）保命的钱。投资者可以根据自身情况规划闲置资金，针对每一块资金的特点设计自己的专属投资方案。

跨市场配置的魅力我们已经看到了，那么在同一市场中是不是就不需要了呢？

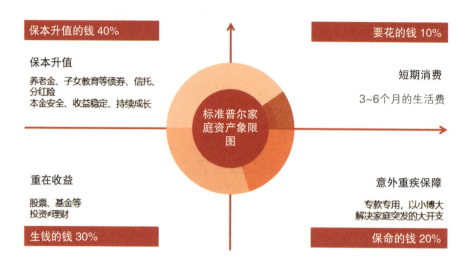

图 2.3　标准普尔家庭资产象限图

不是的。其实资产配置是一种投资方法，最终结果是达到配置效果，能够更好地服务于投资目标。所以即便是在同类资产中，也需要做适当的配置，尤其是投资权益类基金。

做权益类投资就像在大海上驾驶一艘帆船，风越大行驶得越快，但同时也要承受更加剧烈的颠簸。其中，底仓配置就相当于帆船的"压舱石"，有了它，就能大大降低"翻船"的几率，保证帆船行驶得更稳、更长久。

所以在投资权益类产品时，可以选择风格稳定、策略不漂移的产品作为底仓配置。比如低估值价值投资策略产品。低估值价值投资策略要求投资的预期收益必须来自个股本身的盈利能力和现金流，简而言之就是"便宜买好货"。

"便宜买好货"包含两方面含义："买好的""买得好"。其中，"买好的"要求所选个股基本面风险要小、盈利模式可持续；"买得好"要求所选个股在买入时的估值水平一定要低于企业内在价值，要"买得便宜"。

总体来看，"便宜买好货"的优势在于，即使"好货"的"好"发生风险——个股基本面发展不及预期，但因为买得便宜，所以亏损也相对有限；而个股基本面符合预期的情况下，就会使得管理人不仅能够赚到个股本身盈利的收益，还能赚到从低估值到正常估值过程中带来的估值回归的收益，使得低估值价值投资策略呈现"向下风险可控，向上收益可观"的高性价比优势。

因此，该策略的一大特点是谋求投资安全边际高、风险抵御能力强，可以在资产配置组合中运用，以平滑权益类投资波动。

时间的玫瑰只回馈给相信时间的人

好的资产配置是应对未知风险的最佳策略，也是长期投资的源泉。不用害怕错过某种风格短期的大涨，毕竟任何资产都有周期和轮回，某种风格走到极致后往往面临回调的风险，反之亦然。而在合理的资产配置下，那些不必要的波动往往也可能被抹平。在此基础上，投资者所要做的就是坚持长期持有，毕竟时间的玫瑰只回馈给相信时间的人。正如 2021 年上海高考语文写作题目所说"有人说，经过时间的沉淀，事物的价值才能被人们认识"，长期投资也如此！

如何做好资产配置

在我们的日常生活和投资过程中，资产配置这件事其实每个人都在做，但是大多数投资者对它的认知却相对模糊，资产配置的重要性也常常被忽视。在笔者十几年的金融服务工作过程中，每次跟投资者进行交流的时候，遇到的第一个问题大概率是"您对今年下半年的市场怎么看"？第二个问题则多数是"您能不能给我推荐几只好的基金或者股票"？可见绝大多数投资者的关注点都在"择时"和"产品选择"上；而对于自身资产配置的合理性却很少有投资者会关心。

但是资产配置非常重要，也许很多投资者听说过在投资过程中资产配置对收益的贡献率超过90%，这是为什么呢？为了方便大家理解，举个极端的例子说明一下：如果 20 年前您的家庭总资产是 50 万元（这在 20 年前可是一个不小的数字），您把这些资产的 80% 买了房产，20% 放在银行存款或者理财产品里；另一种情况相反，80% 放在银行存款或者理财产品里，20% 的钱买了房产，20 年后的今天，您的家庭资产总额可能会有巨大的差别，这个差别就是资产配置的不同造成的。至于您买的是上海内环的房子、郊区的房子、是三线城市的房子（这是投资标的选择的不同），是 2001 年买房还是 2002 年买房（这是择时的问题），把时间拉长来看对收益的影响就没有那么重要了。

从上面的例子可以看出，长期来看，资产配置对财富增长的贡献程度是要大于产品选择和时机判断的。笔者认为这背后的原因可能是从一个较长的投资周期来看，资产的 β 收益（市场平均收益）是容易获得的，而 α 收益（超额收益）却是较难获取的。

什么是资产配置

教科书上的定义是这样描述的：资产配置是投资者根据自身情况和投资目标，将资金在不同资产类别之间根据一定的比例进行分配的组合投资方式，在获得理想回报的同时，有效地降低风险。用大家熟悉的一句话来说就是"不把鸡蛋放在同一个篮子里"。但笔者认为"配置"更重要的是一种思想和理念，延展开来，配置并不仅仅限于资产之间，在不同的投资策略之间，甚至在同类资产不同风格的产品之间都可以进行配置。但我们一定要明白，资产配置并不是可以实现"一夜暴富"的法宝，它只是获取合理目标收益的一种性价比较高的投资方式。理论上来讲，在相同的目标收益下总是存在一个风险最小的投资组合，或者在承担既定风险的情况下总是存在一个收益最高的投资组合。从长期来看，持有风险资产是可以获取风险溢价带来的高回报的，持有低风险资产则具有较高的机会成本，但是风险资产短期的收益是不确定的，并且单一资产在某个特定阶段还可能会遭受重创。正如桥水基金的创始人 Ray Dalio 所说的"对于所有资产来说都有好的和坏的环境。如果这些资产有生命，那么在它们的一生中，总会出现一个对它们造成毁灭性影响的环境，在历史上都是如此。"而分散化投资则是唯一免费的午餐。举个简单的股债配置的小例子给大家说明一下。

如图 2.4 所示，从 2005 年到 2021 年的 17 年间，沪深 300 指数的收益率为 394.0%，是中证全债指数收益率 118.5% 的 3 倍多。但大家从图上可以看出，股市的波动也相对较大，单纯投资股票，如果不能坚持长期持有，只是阶段性投资，还可能亏大钱；相比较而言债券的波动就要小得多，投资者的持有体验会比较好，但是收益率又不够高。那么如何让收益率能比单纯投资债券高一些，但是波动又不要那么大呢？

数据来源：Wind，统计区间：2005/1/1—2021/12/31

图 2.4 沪深 300 指数和中证全债指数收益情况

如图 2.5 所示，我们可以在股债两种资产之间进行适当的配置，且每年年初进行一次资产配置的再平衡。比如 70% 的资产仍然放在低风险的债券里面，拿出 30% 的资产投资高风险的股票（红色的线），17 年下来收益率提高了近 2 倍，而组合波动率提高的程度则没有那么多。对于较高风险偏好的投资者来说，则可以拿出部分资金投资在低风险的债券上，比如股债 7/3（紫色的线）和股债 5/5（绿色

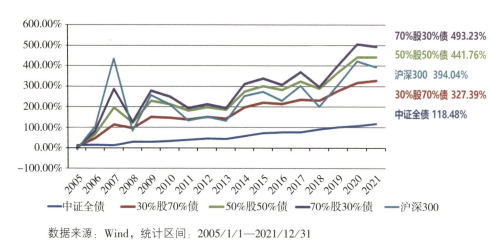

数据来源：Wind，统计区间：2005/1/1—2021/12/31

图 2.5 不同股债组合的收益对比

的线)两个组合,不但波动率比单纯投资股票小了,同时收益率更高了。资产配置就是这样利用不同资产之间低相关关系提高了投资组合的风险收益比,或者说是投资的性价比。上述资产配置组合,由于资产价格本身的涨跌会造成配置比例相较于初期发生一定的偏离,投资者需要持续(定期或不定期)地进行动态的再平衡,使组合的风险收益特征和自己设定的目标保持匹配。

资产配置应该因人而异

那么我们该如何进行配置呢?图 2.4 标准普尔家庭资产象限图可以供大家参考。

但笔者认为一个好的资产配置方案应该具备两个特征:(1)贴合自身的风险收益特征(收益、风险、期限、成本);(2)能够承受并且相信可以坚持下去。我们每个人的风险承受能力和对收益的要求不同,资金的期限和成本也不同,所以配置方案不能一概而论,而应该是"千人千时千面"的。下面举例来对比说明一下:一个有 1 亿元可投资资产的中年人,哪怕这 1 亿元全部买了年化收益率 4%的银行理财,一年的收益也有 400 万元,这 400 万元可以保证非常高质量的生活,并且本金损失的可能性极小;而另一个只工作了两年的年轻人,假设他只有 5 万元积蓄用于投资,则有可能全部拿来投资股票这类高风险资产,最好 5 万元变 10 万元,10 万元变 20 万元,哪怕亏光了也不怕,大不了好好上班从头再来。相比较而言,前者大概率会构建一个相对稳健的配置组合,希望能够实现财富合理的保值增值;而后者大概率会构建一个相对积极的配置组合,希望能够实现资产的快速增长。所以资产配置一定要根据自身的实际情况而定,不要跟别人去比。此外,如果一个资产配置组合的波动和回撤是无法承受并且长期坚持的,那么它对我们来说就不是一个有效的方案,需要做出调整。在我们完整的生命周期和投资周期中,每个人的自身情况和财富状况又是在不断发生变化的,对于大多数个人投资者来说,需要得到专业的投资顾问提供的帮助,从而对资产配置组合持续进行动态的调整。

资产配置的四个重要方面

在进行资产配置的过程中，笔者认为以下四个方面非常重要。

（1）战略配置：就如前面所讲的，从长期来看 α 很难获取，但是 β 相对容易捕捉，所以在资产配置的过程中，最重要的是战略配置。战略配置是根据投资者的风险承受能力，对个人的资产做出一种事前的、整体性的规划和安排，是基于各类资产的风险收益特征从中长期的维度实现一个相对确定的绝对收益目标。战略配置的时间周期往往长达 5 到 10 年，回报来源于投资者承担的系统性风险，其收益的确定性较强，对投资收益的贡献度也是最大的。

（2）战术配置：在相对短的时间周期内，各类资产总有表现好的时候和表现差的时候，战术配置的出发点是获取超额收益，可以看作是一种基于主观判断的择时操作。它是在大类资产比例基本确定的基础上，深入特定资产的内部进行更为完善的细节构造，同时根据对市场趋势的判断以及不同资产的收益变化对组合进行适时调整。战术配置的回报来源于主动管理风险，一般只占总回报的一小部分，其确定性比较低，调整周期通常在 3 个月到 1 年左右。

（3）管理人和产品的选择：在我们做好了资产配置后，需要通过具体的投资标的去实现收益，我们可以投资于指数基金这样的被动型产品，也可以通过选择优秀的管理人和产品去获取一部分超额收益。目前国内证券市场还未发展到发达国家市场的成熟程度，如果能有效地进行管理人选择，主动管理产品相对被动产品而言通常可以创造一部分超额收益，投资主动管理产品更具性价比。

（4）流动性管理：最后想提醒一下大家的是流动性管理，因为在投资过程中这点是经常容易被忽略的。不管是个人还是机构，我们的资金都是受到期限和成本约束的，在投资的过程中我们不能仅仅只看收益，而是要兼顾中长期的投资目标和阶段性的资金流动性需求，所以在资产配置的过程中流动性的管理也是必须被考虑的重要环节。

最后，想告诉大家：资产配置并没有那么难，不一定需要什么复杂的数学模型，作为个人投资者，首先要意识到资产配置的重要性，具备分散化投资的思想和理念就已经是一种进步了，毕竟在投资的过程中一个模糊的正确永远比一个精确的错误要好得多。其次，如果个人不具备一定的金融和投资知识，且没有足够的时间和精力去时刻关注和打理资产，那么选一个好的金融服务机构和专业的投资顾问至关重要，毕竟投资不是"一锤子买卖"，持续且专业的陪伴和服务可以帮我们在整个投资生涯中获得更好的盈利体验，实现财富的长期保值增值。

2.4 为什么资产配置篮子中需要加入权益类基金

诺贝尔经济学奖获得者、美国经济学家马科维茨 1952 年首次提出"资产组合理论",又名"资产配置理论",这是一种分散组合的投资方法,即根据投资需求将资金在不同资产类别之间进行分配的一种组合投资方式。用一句通俗的话来说,就是"不把鸡蛋放在同一个篮子里"。

资产配置的重要性

资产配置不是简单地投资单一资产,而是根据投资者的投资目标、风险属性和流动性要求,利用资产组合收益风险比最优化方法,确定资产组合中各类资产类型和投资配比。其中,各类资产则包括权益类(如股票、权益类基金)、固定收益类(如债券、信托、债券型基金)、现金管理类(如理财产品、货币型基金、存款)、保障类(养老金、保险)等。各类资产的收益与风险比较见图 2.6。

上海申银万国证券研究所 2017 年公布的《中国资产配置体系研究与构建》报告中显示,在中国市场,70%的投资收益来自资产配置,择时和选股的贡献实际上并不大,有时甚至导致投资者资产的波动性增加。

资产配置具有三大功能:首先,权衡风险和收益。资产配置可以有效提升资产整体的收益率并降低投资组合波动率,起到平衡风险收益、使资产整体的波动

图 2.6 各类资产的收益与风险比较

水平在投资者可接受范围内，同时可以满足投资者的流动性需求的作用。第二，具备防御性，可降低对特定资产的风险暴露。资产配置具备一定的防御性，可以平滑组合的波动，提升资产的修复能力。在单一特定资产遇到极端情况时，由于各类资产中的不同标的存在一定的负相关性，此消彼长进而可以提高资产组合的防御水平。第三，帮助投资者克服投资的局限性。主要包括地域、时间、认知上的局限，比如，不乏投资者喜欢超配自己熟悉的资产，而忽略其他资产。过去10年，投资房地产的收益率非常可观，很多人保有"炒房"的惯性。事实上，过去的好不代表未来一定持续好，房地产市场存在诸多不确定性，如果把"鸡蛋"放在同一个篮子里就会失去其他的投资机会，而通过专业的财富管理机构提供的资产配置建议，可以帮助投资者了解更多符合自身资金属性与投资目标的资产类别与配置方案，有助于提升整体资产的健康状况。

总体来说，资产配置的重要性主要表现在可以提高投资组合收益、降低投资组合的波动性，在一定程度上获取最优化的收益风险比。

权益基金在资产配置中的重要性

不同投资者由于风险偏好不同，可以根据自身的实际情况，确定合理的资产配置方案。但是，需要强调的一点是，在各大类资产中，从长期表现来看，权益类基金是少数可以长期不被通货膨胀侵蚀的资产，其收益通常和通胀呈负相关性，具有较好的抗通胀属性。

权益类基金由于具备高收益、高风险的风险收益特征，在资产配置中，长期投资权益类基金一定程度上可以提升资产配置组合的整体收益。数据显示（见图2.7），过去13年，权益类基金是赚钱效应较好的一类金融资产。

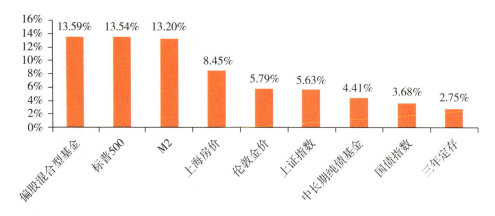

说明：三年定存利率采用期间月度平均值；债券基金、偏股混合型基金均按照万得基金指数分类标准；上海房价采用上海商品房成交均价

数据来源：Wind，统计区间：2009/1/1—2021/12/31

图 2.7　2009—2021 中国各类资产期间年化收益率

假设将沪深300指数和中证全债指数做不同比例的配比，从表2.3中的测算可知，股债搭配的配置方案中，要想投资收益最大化，提高权益类基金的配置比例很重要。可以说，权益资产起到了提升投资收益、债券资产起到了平滑组合波动的作用，而且由于两类资产具备一定的负相关性，整体达到了牛市锁赢、熊市

补仓的作用。

值得一提的是，无论是跨类别的资产，还是同一类别的资产，都需要做合理的资产配置。比如投资不同类型的基金时，可以将权益类基金、债券类基金、货币类基金等，根据自身的风险收益需求进行资产配置；此外，由于市场风格很难在单一风格下持续，持续精准地预判市场风格几乎绝无可能，在权益类基金内部也可以根据基金风格(价值型、成长型、均衡型等)进行合理的配置。

低估值价值策略产品可作为底仓配置

无论是哪种类别的资产配置，权益类基金作为长期回报较好的投资品种，对于大多数投资者来说都是不可或缺的资产之一。在投资权益类基金时，可以选择信任的资产管理机构、基金经理所管理的风格稳定、策略不漂移的产品作为底仓配置，比如一些具备代表性的低估值价值投资策略产品。

这类产品坚持的是低估值价值投资策略，具备可持续、可复制、可事先解释的独特优势(见图 2.8)。具体而言，可持续：对于较高仓位的权益类基金，其背后的投资策略以及基金经理投资管理能力的可持续性尤为重要。根据过往表现和

图 2.8　低估值价值投资策略体系的独特优势

内在逻辑来看，低估值价值投资策略长期有效，并能根据市场的变化和不确定性持续进化，以适应市场的发展；可复制：投资业绩的可复制是指获取的投资收益或者超额收益不是靠运气，而是有"知行合一"的投资策略做保障，能确保投资者持有的产品不会发生风格漂移；可事先解释：这意味着能够让投资者对持有基金的业绩建立合理的预期，也意味着我们能够清楚地解释基金获取超额收益的来源。

低估值价值投资策略虽然有上述"得天独厚"的优势，但是，熟悉低估值价值投资策略的朋友都知道，低估值价值策略也曾面临不短的"低迷"时期。面对变化莫测的市场，坚持这类策略的公司能时刻保持对低估值价值投资策略的信心与坚守，坚定风格不漂移实属不易。

正所谓"因为相信，所以看见"：因为相信低估值价值投资策略的底层逻辑、相信均值回归的投资常识，敢于在低估值价值投资策略相对"低迷"时以更高性价比的价格买入，所以看见低估值价值投资策略能为持有人带来"可持续、可复制、可事先解释"的合理回报。

投资权益类基金的比例如何定？其实答案因人而异，方法也有很多，比如可以参考资产配置的"100 法则"。"100 法则"是指投资权益资产的配置比例建议为"（100-投资者年龄)%"。

如果您 35 岁，按照"100 法则"，可将 65%的可投资资产投资于权益类基金，剩余资金可用于配置其他资产；假设是 55 岁的中老年投资者，风险承受能力相对较低，可以投资 45%的权益类基金，剩余资金可用于配置固定收益类、理财型等品种。"100 法则"只是一种参考方式，在资产配置中，投资权益类基金的比例最终还需根据自身的风险承受能力和收益预期目标等因素合理配置。

结　语

投资是一趟长期之旅，资产配置则是长期投资中的重要一环，好的资产配置更是长期投资的源泉。对于投资者而言，选择健康的资产进行合理的资产配置，既可以降低资产组合的整体风险，也能帮助投资者淡化市场波动，从而更好地避免陷入投资中常见的误区；投资者在资产配置中，正确选择采用低估值价值策略的基金作为"底仓配置"，有望在长期投资之旅中获得更好的持有体验。

如何辩证认知基金的投资风格

一般而言，基金投资者在购买主动权益基金的时候，除了了解基金历史表现和任职基金经理外，也较为关注基金的产品类型（比如股票型、偏股混合型、灵活配置型等）。不同类型的基金产品由于股票仓位的配置比例不同，其风险收益特征具有较大的差异。实际上，除了基金产品类型，基金的投资风格也是影响其风险收益表现特征的重要因素。由于宏观环境、流动性背景及企业盈利周期等因素的变化，证券市场不同风格类资产在不同的经济周期中表现差异极大，从而对不同风格特征的基金产品阶段性收益产生了较大影响。全市场主动权益基金林林总总，即便同一类型的基金产品，由于风格属性不同，其阶段收益表现特征也可能差异极大，如图2.9所示，我们可以明显看出价值与成长风格、大盘与小盘风格在同一年份会有差异化的表现。

了解基金风格

基金产品作为组合投资，其投资风格是基金经理在管理基金过程中主动暴露的组合风格特征。如同描述人的性格一般，有人沉稳，有人活泼，有人亦静亦动，基金产品的风格也具有不同的属性。评估基金投资风格有多方位的维度和多样化的模型，较为常见的就是知名基金评价机构晨星（Morningstar）以价值成长及

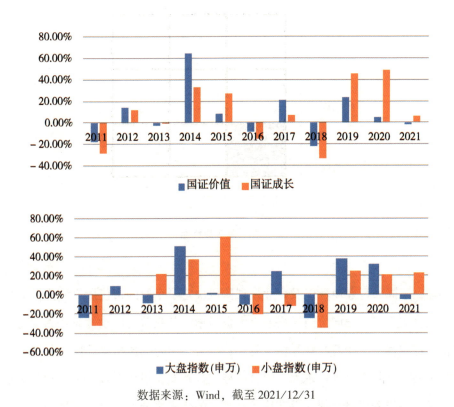

数据来源：Wind，截至 2021/12/31

图 2.9　不同风格的收益比较

市值因子开发的基金风格箱。基金风格箱关注基金持仓组合的价值成长属性及市值属性，通过价值、均衡、成长及大盘、中盘、小盘交叉构建了基金的 9 种风格组合（见图 2.10），市场上每只基金产品都可以通过量化评价落到某一具体的区间中。

　　投资者如何认识基金的不同风格？价值风格基金强调组合持仓的低估值属性，对个股盈利稳定性和估值要求较为严格，要求以低于内在价值的价格买入优质基金；成长风格则是另外一种投资理念，强调组合持仓资产的盈利增速和行业景气度，高成长的特征使得个股具有一定的估值溢价，而成长风格投资也更愿意为高成长付出较高的估值，同时也相信资产未来的高速成长会消化当前的高估值。市值风格上，根据基金组合持仓个股的市值大小属性又可以分为大盘、中盘

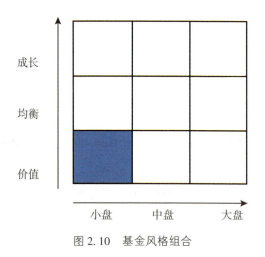

图 2.10 基金风格组合

及小盘，不同的行业属性以及企业发展阶段决定了个股的市值属性特点。总体而言，组合的风格越偏向价值风格或者大盘风格，其收益的波动性越小，组合的潜在稳定性越强，而相对收益弹性也越小；反之，组合的风格越偏向成长风格或者小盘风格，其收益波动性越大，组合的稳定性较弱，但相对收益弹性也越大。当然，基金的投资风格特征并没有比较意义上的优劣之分，投资者需要根据自己的投资目标和风险承受能力选择适当的符合自身风险收益偏好的产品。

基金的风格是否会出现变化？在基金经理投资组合的构建中其对风险控制的把握、对行业增长的理解、能力边界的变化甚至是管理规模的变化等多维度共同影响了所管理基金产品的投资风格特征。在基金的特定投资目标要求下，基金的风格特征更多来源于基金经理个人长期形成的投资价值观，随着基金经理投资年限的增加和投资理念的逐渐成熟，基金经理的投资风格一般也会趋于稳定。市场上也有不少基金经理偏好通过持续调整组合风格应对市场风格切换，增加基金收益弹性，即常说的"风格漂移"。"风格漂移"很容易使得基金产品投资目标与基金的实际运作"名不符实"，比如本应投资中小盘风格的基金产品重仓蓝筹标的，以价值风格作为投资目标的基金产品追逐高成长资产。基金的"风格漂移"毫无疑问增加了投资者的产品选择难度。此外，如果某个基金的风格特征在短期内经常切换，就要怀疑基金的风格频繁切换是否超出了基金经理自身的能力范围。从众多研究来看，基金的"风格漂移"短期来看的确有可能带来一定的超额收益，长期来看并没有证据表明"风格漂移"更有利于创造额外收益。相比于基金风格的差异性，单只基金风格的稳定性显得更为重要。

哪类基金风格更适合自己

普通投资者该如何选择不同风格的基金产品？首先，那些短期收益表现最好的基金产品并不意味着最适合投资者，与投资者自身风险偏好最为匹配的基金风格才是最适合的，投资者需要进一步了解不同风格基金产品的特点和自身对于市场的理解深度；其次，需要兼顾到个人投资的长期目标和短期目标，根据投资目标进行基金风格的配置就显得较为重要了。投资者基金投资实践中，需要在专业投资顾问的建议下，辨认基金风格并选择适合自身的风格组合进行投资，构建基金组合时应当考虑不同风格基金的相对均衡配置以进一步分散组合的市场风险。对于大部分投资者而言，在明确其长期稳健的投资目标下，价值风格基金由其相对的稳定性，对普通投资者而言是最易理解、容易接受的产品风格类型，也是最适合作为底仓的产品类型，可以作为投资者基金投资组合中的"压舱石"。反之，部分主题风格极强的行业类基金产品，由于行业属性强，基金净值波动极大，对投资者的风险承受能力有着较高的要求。

聚焦低估值的价值投资策略体系经过了多轮市场牛熊检验，投资风格长期保持不漂移，并不断进化以适应市场和经济周期的发展变化。通过相对均衡的行业配置，低估值价值投资策略体系期望规避基本面风险过大或者估值较高的资产，在全市场寻找价值被低估的资产，始终寻求构建高性价比投资组合，为组合提供长期可持续的超额回报。聚焦低估值价值投资策略，可以针对不同投资者的市场风险接受度，开发适合不同投资者需求的价值投资策略产品。以稳健而不漂移的价值风格产品作为底仓，可以大幅降低投资者基金投资的波动风险，从而有效提高长期投资中的胜率。

从品牌出发，聊聊选基金管理人时几件重要的事[1]

基金管理人的品牌重要吗

随着公募基金大发展，基金投资已经不再仅仅限于部分专业人士，尤其是公募基金逐渐成为众多老百姓的家庭资产配置。与汽车、面包等消费品一样，基金公司也越来越重视基金的品牌效应。在学术意义上，品牌是指消费者对产品的认知程度，具体体现在知名度、美誉度和差异性等方面。对于基金公司来说，品牌意味着当基金投资者选择同类型的基金产品时对于特定的基金公司在其企业文化、投资策略体系乃至核心竞争力方面的倾向性，这是一种软实力的表现。在实践层面，基金公司品牌的知名度、美誉度和差异性通常表现为：

(1)知名度：通常来讲规模越大，基金公司的知名度就越高。不过基金公司对于品牌的重视程度也在相当程度上影响着公司的知名度，有一些管理规模不算很大的基金公司，通过自身企业文化的塑造、核心竞争力的打造，也可以使其品牌在同业中脱颖而出。

---

[1]　本文中"基金管理人"均指基金公司。

（2）美誉度：基金公司的美誉度主要体现在是否有"良心"，可以从基金的赚钱效应以及对规模扩张的态度等方面进行分辨。由于公募基金以赚取固定管理费为主要盈利来源，因此，规模越大，通常情况下基金公司的盈利情况会越好。但基金公司的规模扩张需考虑到自身管理半径，基金公司管理规模的大小与基金投资者的预期收益并不呈线性关系。通常讲基金的业绩可以对基金规模造成正向影响，但业绩持续性存疑，现实中出现不少规模扩大后业绩反而变差的案例，导致投资者的实际收益显著低于预期。因此，管理规模、公司盈利、投资者预期收益三者的权衡一定程度上成为检验基金公司"人品"的试金石。我们认为，基金管理人主动的限制措施体现了其对业务扩张的冷静态度，是对投资者更加负责任的体现。具体表现有：不频繁新发类似基金、主动限制规模上限、基金规模过大时采取限制大额申购甚至暂停申购等。管理规模、公司持续的盈利能力与投资者预期收益存在短期选择上的冲突，但从长期看，存在三者共赢。

（3）差异性：由于历史原因，基金公司倾向于发展全业务线，但也有部分公司走了精品化路线。例如权益投资、固定收益投资、货币基金、零售业务、机构业务领域都有长期深耕且非常出色的基金公司。

简而言之，理想中的好公司应该具备如下品质：规模适中，对规模扩张保持克制，在一条或两条业务线上优势明显。而如上品质则来源于基金公司的价值观、内在凝聚力、持续的活力等底层的"软实力"，这些软实力成为基金公司品牌对投资者影响程度不同的最关键之处。

品牌之外还需要看什么

在我们的日常基金投资过程中，"基金公司的品牌"是比较难量化的软性指标。那么，品牌是否决定一切呢？答案是否定的。通常情况下，基金公司的核心竞争力来自主动管理能力，除了基金公司品牌，还有以下几个方面值得投资者关注：

首先，持续有效的投资策略体系。对于基金公司来说，鲜明的投资策略体系特别重要，它构成了基金投资的底层逻辑。比如投资中常常提到的"股神巴菲特"，他的投资逻辑体系就在于以合理的估值买看得懂的、具有长期稳定现金流的公司。稳定且验证过的投资体系意味着基金公司提供的基金产品"风格不漂移"，基金投资者可以避免"名不符实"的养基困扰。而且投资体系不仅保证"风格不漂移"，有时候还表现为对风险的管理、增加投资过程中的反脆弱性，也跟我们常说的"可复制、可持续、可事先解释"具有同样的效力。

其次，优秀的投研团队。大家经常会说买基金就是买基金经理，基金经理之所以重要，是因为基金经理是投资策略和投研团队成果的外显。一个优秀的基金经理往往有一个优秀的投研团队支持，而一个优秀的投研团队往往具备如下特征：具有稳定、长期的投资策略；投资实践与投资策略相符；通过机制使得投研团队给予投资经理有效的支持。

过去曾经有一个经典命题：基金更换了基金经理，投资者是否要赎回？虽然有不少案例能够正向佐证这一结论，但也不乏基金实践证明，基金更换基金经理后基金业绩未受明显影响。因此，这一经典命题的核心在于，基金经理是单打独斗还是团队作战？在一般情况下，当管理规模适当时，优秀的基金经理只要选对个股就能够在中长期的基金运转中保持前列；而当管理规模动辄扩张到数百亿元级别时，基金经理管理能力的提升就需要依赖投研团队的给力支持。单打独斗往往需要极高天赋，而团队作战中互为补充，能够使基金的生命力更加持久。

对于团队作战，还有一点需要特别说明的是，团队对基金经理的支持力度同样重要。团队支持力度一般来源于两个方面，一是团队人数，二是团队凝聚力。对于前者，有一个简单的办法是使用投研人数/基金经理人数的比值衡量，这种办法不精确，但能从一定意义上衡量出研究团队对基金经理的支持力度；而后者则需要在基金经理的对外言论中寻找答案。在行业中，不乏一些策略单一、但凝聚力很强的投研团队成了行业中的精品。

最后，靠谱的基金产品。做到这一点需要关注基金的长期收益和风险。基金的收益自不必说，这往往是最敏感也是投资人最在乎的部分。这里笔者想专门突出一下基金的风险，也就是说，基金的回撤大小为什么重要？

先看一个例子：小明买的基金从 120 元跌到 80 元，最大回撤率为 33.3%；如果要从 80 元再涨回 120 元，需要上涨多少呢？按照买入期间的跌涨计算，则为（120-80）/80＝50%。也就是说，小明如果想要回本的话，他得从这只基金身上收获 50% 的上涨幅度。

我们并不是完全排斥基金的短期亏损，但对于风险较高、波动较大的基金，需要做好更难"出坑"的心理准备。从长期的视角来看，那些长期收益稳定、回撤可控的基金，往往走出了更美的向上曲线。

总结来看，选基金管理人，品牌很重要；品牌之外，持续有效的投资策略体系、优秀的投研团队、靠谱的基金经理同样重要。但基金投资的最终落脚点是投资者自身，投资者的感受特别重要。当前，公募基金的数量已经超过 9000只，涉及股票型基金、债券型基金、混合型基金等，投资范围也横跨 A 股、港股、美股等境内外投资品。公募基金无论是数量还是专业度方面对普通投资者来说都已经"超纲"，因此金融机构的服务能力日益凸显。有一个简单而普适的小方法是把专业的事交给专业的人去做。笔者建议投资者尝试精选几家高于同行服务能力的销售机构和基金公司，而不是选择便宜的购买渠道。短期看，投资者可能多付了一些费用；长期看，投资者收获的是认知的提升和持有的心安。

一夜暴富不如慢慢变富

正如大家所知，A股市场热点频出、震荡起伏、精彩纷呈，很多投资者希望在其中通过短期博弈"一夜暴富"，也希望用最短的时间获得最快的财富积累。但是准确择时、低买高卖的快速致富策略的实现是非常困难的，很少有人能持续做到。追求短期满足的投资心态，让很多投资者"低买高卖"的梦想最终变成了"追涨杀跌"的现实。这背后其实是人性使然，一次次的追涨杀跌导致很多投资者不仅没有成功"一夜暴富"，还最终从市场中亏钱离开。与其大概率的结果一地鸡毛的妄图"短期博弈、一夜暴富"，我们不如去寻找相对稳健地获得高收益的方法让自己慢慢变富。

作为价值投资界的"股神"，巴菲特在投资中资产增长惊人。贝索斯曾经问他："您的投资体系那么简单，为什么您是全世界第二富有的人，别人却做不到?"巴菲特回答他说："因为没有人愿意慢慢变富。"从数据中我们发现，巴菲特目前99%的财富，是在他50岁之后获得的，真正让巴菲特傲视群雄的是复利的魅力。

复利的最佳搭档：时间

复利是相对单利而言的一种计息方式。单利就是利不生利、本金固定；复利就是利滚利，这一期的本金和利息都会作为下一期的本金来计息。虽然一两年的结果看上去差不多，但随着时间的累积，复利效应引发的成倍增长会越来越显著。假设您有1万元，年投资收益10%，单利计算中，30年可获得利息共3万元；同样的1万元，在复利计算的情况下，利息会算入下一期本金中，前几年的变化看着不大，但随着时间的拉长，复利的威力变大，30年可获得利息超16万元(见表2.4)。

表2.4 　　　　　　　　　　　　单利和复利收益比较 　　　　　　　单位：元

年收益10%	单利		复利	
	投资本金	利息	投资本金	利息
第1年	10000	1000	10000	1000
第2年	10000	1000	11000	1100
第3年	10000	1000	12100	1210
第4年	10000	1000	13300	1331
第5年	10000	1000	14641	1461
第10年	10000	1000	23579	2358
第20年	10000	1000	61159	6116
第30年	10000	1000	158631	15863
利息合计		30000		164494

测算公式：单利利息＝本金×年利率×期数，复利利息＝本金×(1+年利率)^{期数}－本金

从权益市场过往情况来看，市场似乎是"牛短熊长"，并且年化波动率超过20%。但主要投资于证券市场的偏股混合型基金长期创造了超过15%的年化收益，相对市场上其他投资品种收益率颇高。15%是一个怎么样的收益水平呢？如果您有10万元，投资于年化收益为15%的投资品种，5年后资产就可以翻一番，达到20.11万。是不是还挺意外的？回顾历史，虽然市场经历了比较大幅的波动，但最能代表专业管理人能力的主动权益类基金，在过往长期还是交出了不错的答卷。

复利的现实：投资者体验平平

公募基金提供了较可观的回报，可投资者真的赚到了那么多钱吗？事实上，金思维发布的相关数据显示，2001 年到 2017 年，普通个人投资者投资基金的平均年化收益仅为 4.8%，出现了"基金赚钱基民不赚钱"的现象。这背后的原因有很多，投资者对基金投资的认知不足和一些不正确的购买行为是其中很重要的原因。赚快钱的心态在波动较大的权益市场上被放大，盲目追涨杀跌、频繁的短线交易最终导致大多数投资者赚不到钱，甚至是亏钱。

我们建议投资者做好资产配置，理性面对市场波动，用长期资金来投资权益市场。对权益类基金而言，慢慢变富要选择和长期方向契合的投资品种和策略，其中本金安全和长期投资这两个因素非常重要。

本金安全：慢慢变富的基础条件

巴菲特曾说过，投资中有两个重要的原则，第一，保住本金，第二，请永远记住第一条。在慢慢变富的道路上，我们要注重对本金的保护，强调控制回撤的重要性。

分享一个神奇的数学游戏（见图 2.11）：一只基金先上涨了 100%，再下跌了 50%，最后的收益率为 0%；还有一只基金先上涨了 30%，再下跌了 15%，最后的收益率则为 10.5%。明明两只基金的跌幅都是开始涨幅的一半，但最终的收益率却不同，是不是非常神奇？在投资中，我们把向上的涨幅代表进攻能力，回撤控制代表防守能力，进攻固然非常重要，但防守能力决定了长期的投资中最终能保留住多少胜利的果实。先求不败而后求胜，本金的安全至关重要。

上涨 100％，下跌 50％？＝0

上涨 30％，下跌 15％？＝10.5％

图 2.11　神奇的数学游戏

长期投资：慢慢变富的必要途径

如果按年收益 26％的复利计算，3 年时间资产就可以翻一倍还多，10 年能增长到 10 倍。哪怕是投资年化收益率 5％的产品，30 年后资产也可以增长到 4.3 倍（见表 2.5）。在复利的影响下，时间会带来巨大的能量，越早重视时间上的积累，就越能最大化复利的能量。

表 2.5　　　　　　　　　　　　不同年收益下的复利

本金为 1	年收益 5％	年收益 15％	年收益 20％
投资 3 年	1.1576	1.5209	1.7280
投资 5 年	1.2763	2.0114	2.4883
投资 10 年	1.6289	4.0456	6.1917
投资 20 年	2.6533	16.3665	38.3376
投资 30 年	4.3219	66.2118	237.3763

我们做了数据测算（统计区间：2012/1/1—2021/12/31），2012 年以来在任意时点买入偏股混合型基金（以 Wind 偏股混合型基金指数（885001）为测算对象），持有一年获得正收益的概率约 82％，持有 3 年约 91％，持有 5 年赚钱的概率约 99％。不仅如此，随着时间的拉长，平均的收益率也会变高。所以，我们建议个人投资者通过长期投资来增加投资权益类基金的获胜概率和收益率，同时也

能更好地感受到复利的魅力。

复利思维：坚持做长期正确的事

复利不仅可以运用在投资上，读书、跑步、写作都是长期坚持能产生复利的事情。例如每天坚持跑步，可能开始的一两天您的身体感觉到很累也没有变强壮，只要努力坚持下去，时间长了您和同龄人一定会拉开差距。长期做正确的事，总有一天就会有蜕变的收获。

巴菲特曾说过："开始存钱并及早开始投资，是最值得养成的好习惯。"种一棵树最好的时间是 10 年前，其次是现在。高收益不一定要通过高风险的博弈来获得，长期投资和复利效应是相对稳健且可持续的方式。长期投资优质权益类资产也许短期看起来收获并不惊人，但随着时间的拉长，成功的概率持续增大。拉长时间来看，开始一笔投资时的市场点位对结果并没有我们想象得那么重要，如果能在周期顶部的时候少买一点，周期底部的时候多买一些，能够有更可观的预期收益，而越早开始我们就越能充分享受复利。只要您肯坚持，时间会带来超乎想象的回报，投资、读书、运动也都是这样。所以现在就开始行动吧，把时间留给能长期带来价值的事，做一个长期主义者，坚持学习、终身成长。

开启长期投资，我要做些什么准备

公募基金规模不断扩大，投资者的投资理念一定意义上也需要与时俱进。当前越来越多的投资者有了长期投资的意识，但总觉得知易行难。如果想要更好地践行长期投资理念，需要做好什么样的准备呢？

践行长期投资＝"咬紧牙关"坚持到底？

短期内这样做可能有效，但随着时间的拉长，我们的投资过程可能会变得很痛苦，会不时出现"咬不住牙"的情况，尤其是在市场回调时，容易失去长期投资耐心。

实际上，对待投资，我们完全不需要像苦行僧修炼那样。践行长期投资也是有"门道"的，掌握了技巧就能将它变得轻松易实现。

做适合自己的资产配置

做好适合自己的资产配置，是践行长期投资的重要基础。

有句话说：纸上得来终觉浅，绝知此事要躬行。需要注意的是，资产配置不是简单粗暴地分散投资，最近就有个反例：一位年轻投资者为了分散风险，两年累计买了上千只基金，每只仅投 10 块钱。且不说上千只基金的组合是否达到了资产配置的效果，这么多的基金卖起来也是个大难题，连他自个儿都这样吐槽：

但麻烦的就是，我买的基金太分散，取出的时候要反复操作上千次才能把这笔钱全部取出。而且因为基金的只数太多，一天还不能完全卖出，得分好几天才能到账。

操作的过程中我无数次想放弃，但不卖又不行，我着急用钱生活。

我们知道，每个人都有属于自己的资产配置象限图（见图2.4），之所以要把钱区分开，其实本质原因是每一笔钱都有其特定的投资目标，适合投资的品种、期限也不一样。先分开，再"对症下药"，才是合理的资产配置。

图2.4中"保本升值的钱"和"生钱的钱"就需要我们利用投资来实现更好的效益。比如"生钱的钱"可以承受更高的波动，适合配置权益类产品，以期取得更高的投资回报。

因此做好长期投资这场持久战，资产配置是基础，是先行者，是理性长期投资的必备武器，它以防范对冲风险为前提，能让投资者在长期投资的路上即便遭遇了颠簸风浪，也能"睡得着"。

提升对权益产品的认知

如果您选择了购买权益类产品，比如股票基金，那么培养投资耐心就是必学的一课。

首先要明白，市场波动是常态，"无波动，不权益"，根据海通证券研究所的统计，万得全A在2007—2021年期间，指数年度涨幅最大为166%（2007年），最小为-63%（2008年），平均数为24%，标准差为60%，标准差是均值的2.5倍。所以做权益类投资的第一步就是适应波动。

下一步，我们还需要认识到，心理和情绪因素对投资有着一定的影响。《中国权益基金投资者行为金融学研究白皮书》显示，很多基民容易过度自信，导致频繁操作。

不少权益基金投资者存在过度自信的心理，认为自己能够跑赢大盘。白皮书显示，大部分接受调查的投资者认为，自己的投资能超越市场平均水平、跑赢大盘。然而调查这部分人的实际收益，其实只有一半左右真正跑赢了大盘（见图2.12）。自然这也有概率因素，但仔细剖析所有人都跑赢平均线，也就是市场表现怎么可能，平均线就在50%处，那么总有一半市场参与者是无法战胜市场。这个现象说明投资者确实存在过度自信的情况。

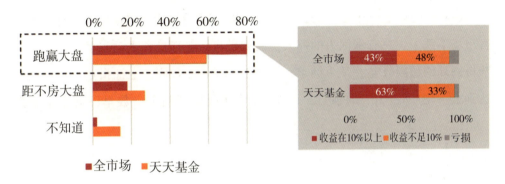

特别说明：实际收益为受访者在问卷调研中回答的收益

数据来源：尼尔森、天天基金、华宝证券等，中国权益基金投资者行为金融学研究白皮书

图 2.12　认为自己能否跑赢大盘及认为自己跑赢了的人的实际收益

当投资者过度相信自己择时的能力时会为追求波段操作而进行频繁交易。然而，大多数投资者在大多数波段操作中，"踏准市场节奏"几乎只是奢望，理想中的"低买高卖"实际上很难实现，继而影响了投资收益。

所以做权益投资，还要学会管理自己的情绪，很多时候我们所认为的并不一定是正确的，在投资中保持理性很重要。

长钱与长线更匹配

什么是长钱？这里为大家提供三个参考标准：不会为了短期流动性而赎回的

钱；能容忍市场反复震荡或者对市场波动不敏感的"闲钱"；不会追求投机效果的钱。

为什么很多人怕"套牢"？什么时候才算是"套牢"呢？

我们认为，只有当需要用钱不得不面对浮亏时，才算是被"套"住了。虽说亏损的滋味不好受，但践行长期投资很难完全避开短期，有时甚至是不短的短期的下跌，我们确实要做好在持有过程中经历几个短"牛熊"的心理准备。

而对符合以上三个条件的长钱来说，被"套"的可能性就很低，毕竟一般而言市场下跌了，总有涨回去的那天。而如果我们选择投资主动权益产品，还将获得额外的超额收益。举个例子，截至 2021 年 12 月底，上证指数还远远没有达到上一轮"大牛市"的顶点，而 Wind 普通股票型基金指数早已创出了新高（见图 2.13）。

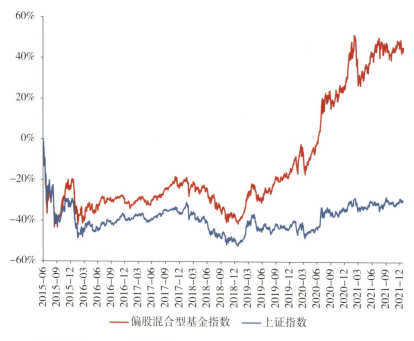

数据来源：Wind，统计区间：2015/6/12—2021/12/31

图 2.13　普通股票型基金指数和上证指数收益比较

管住"频繁交易的手"

都说"知易行难"，都知道长期投资的好，但偏偏就是管不住"冲动"的手。

2021 年《一季度基民报告》显示，除了市场行情波动外，追涨杀跌、频繁交易是造成"基金赚钱基民不赚钱"困境的主要原因。其中，持有基金时长短于 3 个月的用户中，超 7 成是亏损的，同时，追涨杀跌的用户较基金净值涨幅少赚 40%。

我们建议，如果您也存在这样的烦恼，可考虑配置设有最短持有期机制的产品，当前市面上有许多一年持有期、三年持有期，甚至五年持有期的基金产品，通过产品机制被动持有，可以规避这种短期频繁申赎的行为，让投资者的收益更贴近基金的真实收益。

看完这篇文章，您有没有恍然大悟的感觉呢？长期投资这四个字看起来简单易行，但其实值得好好学习且需要讲究技巧。通过这篇文章，希望大家对它的认识更进一步，在实战中更好地把握技巧和实践长期投资。

2.9 什么样的基金适合长期持有

中国证券投资基金业协会数据显示，截至 2021 年 12 月 31 日公募市场上共有 9288 只基金，其中股票型基金 1772 只，混合型基金 3972 只。面对公募基金市场上这些琳琅满目的基金，您会不会开始有点头痛，该选哪只好呢？

首先要明确的是，在选择基金之前先确定好我们手里的资金是否匹配可能更重要。基金投资的目的是这笔投资的资金在需要使用时可以满足相应需求，而不同类型的基金起到的作用一定是不一样的。例如货币型基金流动性极好，能够满足投资者日常生活开支的流动性需求，偏债混合型基金和债券型基金波动性较小，收益率稳定但不算高；而偏股混合型基金和普通股票型基金的作用就是在中长期为投资者带来相对可观的收益，但较高的收益大概率伴随着相对高一点的波动。

在做好基金分类后我们会发现，最需要长期持有的产品也许就是偏股混合型基金和普通股票型基金，因为它们的中长期收益相当可观，Wind 统计显示，从 2004 年 1 月 1 日—2021 年 12 月 31 日偏股混合型基金指数（885001）累计收益达到 1070.12%，但与此同时，由于市场中存在交易层面的扰动，它们天然会存在短期的波动。

选好了基金类别之后，我们来看看如何寻找一只值得长期持有的基金。

选择以投资者利益为先的基金公司

很多投资者会认为大公司的产品更靠谱，公司大、规模大即代表公司实力强。但实际上我们会发现，大公司往往提供的是更加全面的选择，而市场上其实也有很多小而美的基金公司，它们专注于做自己能力圈范围内的业务，比如有些公司以固定收益见长，有些以权益见长。在以权益见长的公司中，又有着不同的风格，比如有些公司聚焦于主动权益投资中的价值投资。业精于勤而贵于专，这些专心做一件事的公司往往也能够在自己擅长的方向有很好的业绩和表现。

作为基金管理人，一家基金公司对于基金经理和基金投资运作的影响是极大的，而产品只是公司文化、投资理念、投资逻辑和投资能力的载体。跟大家分享一个研究案例，巴克斯 2002 年曾经做过一次研究，利用四因子模型得出 α，利用当期 α 和同一基金经理的前一期 α 做横截面回归，得出存在可持续性的结论，并且他把业绩归因拆分为基金经理、基金管理公司和他们的交叉效应三个部分，得出基金经理对业绩的贡献仅占 30%，剩余 70% 贡献属于基金公司的结论。虽然任何一项研究都会受制于统计样本和周期的限制，但这里得出的结论却值得思考。

那么，选择什么样的基金公司呢？要选择以投资者利益为先的基金公司。这看起来比较空洞，我们落实到具体的操作来看：

比如在市场进入冷淡期时，基金发行常常会面临困难，但往往在这个时候布局资本市场，未来反而更容易赚钱，而在这种困难的时候，基金公司有没有大力去做布局和推动？

比如在产品规模超过策略容量限制时，基金公司是否会站在投资者利益的角度对这只产品做规模上的限制？

比如在推新基金经理的新产品时，是否存在为了让产品能够更好地在市场上立足，让明星基金经理以老带新？原本我们就是因为这位优秀的基金经理而购买其管理的基金产品，过了三个月发现熟悉的基金经理的名字后面出现了离任日期。

以上都是判断基金公司有没有以投资人利益为先的典型表现，而频繁出现忽视投资者利益进行操作的公司，可能在选择时需要多多考量。

选择风格稳定不漂移且长期回报优异的基金经理

在对基金公司有一定的判断以后，我们来看看如何选择基金经理。这两年基金市场火爆，很多基金经理被明星化，他们可能都很好，但买明星基金经理管理的产品就一定对吗？可能也不是。实际上每个基金经理都有自己擅长的投资策略和操作思路，有其擅长的能力范围，所以在选择基金经理时，判断他是不是那个对的人，他的投资策略和投资风格是不是适合自己，就显得尤为重要。比如投资者小明的风险承受能力很高，喜欢高风险、高波动、高收益，喜欢在投资中感受大起大落的刺激，那么他在资产配置时就可以多布局一些更关注产品进攻性（如主题风格）基金经理的产品；投资者美美的风险承受能力比较低，喜欢细水长流润物细无声的投资体验，那么她就可以多配置一些长期坚持价值投资，回撤控制能力强的基金经理的产品；投资者小华的风险承受能力一般，两种风格的基金经理的产品就可以均衡配置。但毋庸置疑的是，不管是哪种选择，基金经理的投资风格稳定、不漂移一定是最重要的，只有风格不漂移，他的产品在我们的资产配置里才能发挥出应有的作用。比如我们希望这只产品在资产配置中承担进攻性的角色，通过承担高波动给我们带来高收益，那么如果基金经理突然转变风格，它在我们的资产配置中可能就失效了，就像球队中的前锋突然去打后卫了一样，而球队中原本就有后卫的存在。那么如何判断投资风格是否漂移呢？

第一看基金经理的言行是否一致。每个基金经理都是在不断进化的，但投资理念的内核是不会在短期内反复发生变化的，比如坚持低估值价值投资的基金经理，一定是最关注企业的估值水平和企业基本面的，而相应的我们就应该去看基金经理的运作报告、公开信息中披露的投资决策等是否符合他主张的投资理念，这些能够帮助我们在一定程度上判断出基金经理的言行是否一致。

第二看基金经理在逆风格周期里是否依然坚持。比如我们都知道2020年是价值投资的小年，坚持深度价值投资的基金经理的产品业绩表现相对不佳，这种特别的年份就是验证基金经理是否能在艰难的时刻坚守初心的时机。如果他在这种年份里没有坚持自己的投资理念而去迎合市场，首先如果市场风格延续，这种投资是他最擅长的能力范围以外的事情，能否有长期好的表现尚不确定，其次如果市场风格发生切换，那么这种选择可能就会对产品业绩产生一定的影响。

第三看基金经理长期业绩是否优秀。我们在判断一个管理权益类基金的基金经理投资业绩是否优秀时，最好把观察时间拉长到穿越一个牛熊周期，切忌以短期业绩线性外推长期表现。当基金经理在跨越牛熊周期后（例如2018年是公认的熊市，而2020年是公认的结构性牛市），依然能给投资者带来长期还不错的回报时，也许这就可以作为相对具有参考性的指标。

选择长期可持续的投资策略和产品

我们在投资中持续地学习和进化，最终的目的就是找到一种可复制、可持续获得长期稳定回报的投资策略和方法。比如价值投资就是通过赚取资产本身的现金流来实现超额收益，而要想实现这种超额收益，我们只要持续不断地去寻找到那些能够在持有期间通过良好的运作、优秀的盈利能力持续不断地带给我们现金流的优质企业就好了，这就是一种长期可持续的投资策略。与价值投资相对应的是投机策略，投机策略赚钱的核心来自交易和交易对手以及供给和需求，这是经典的供需模型，被形容为赚别人口袋里的钱。而随着市场上专业的投资者越来越多，成熟度越来越高，持续地赚到别人口袋里的钱的难度可能也会随之提升。

除此之外，我们在选择基金时，也许会有一个误区，认为这只基金规模比较大，买的人很多，那我买它一定没错；这只新基金特别火爆，大家都想买，我买它也一定没错。但巴菲特常常会说一句话："规模是业绩的敌人。"规模过于庞大的基金尤其考验基金经理的选股能力和风险管理能力，并且由于规模过于庞大，在市场发生极端风险时存在调仓困难。有很多优质的小市值上市公司，由于调研需要耗费较大精力，且对于整体仓位和净值的贡献很小，它们是不在这些基金的投资选择范围内的。相反，规模过于小的基金可能会面临清盘和流动性的风险，在选择时也要格外谨慎。

长期可持续也代表着这只基金的产品形态要长期可持续，投资范围最好比较广。例如单一主题风格的基金，可能就会面临着未来这一主题或者说这一产业衰退的生命周期风险，因此此类风险是需要我们多加关注的。

综合本书其他章节以及上文论述，当我们普通投资者在选择基金时，长期持有是获得良好收益性价比最好的方式，而要选择一只可以长期持有的基金，短期业绩可能不是最重要的因素，基金公司、基金经理以及基金产品超额收益的可持续性才是我们需要格外重点关注的要素。

在基金投资中，我们常常会听说，选到一只好的基金并长期持有是实现收益的最佳方式。但如何选择一只好的基金，什么样的基金适合长期持有，希望本文的论述能给大家带来一些帮助。

2.10 适度远离市场，幸福的闪电出现时您会在场

在我们持有权益类基金的过程中，市场难免会出现持续波动震荡的阶段，往往这个时候很多投资者就感觉"有点拿不住了"。事实上，如前面的篇章和大家分享的一样，我们发现参与权益类资产的投资，短期波动难以避免，但如果我们拉长时间来看历次市场的涨跌，一个显而易见的结论是市场起起伏伏是常态，而生生不息是未来！波动甚至是超额收益的来源。诚然，也许大家会担心经济周期、产业行业周期对上市公司基本面的影响，但资本市场本身是具备"新陈代谢"能力的，不断有新的需求被创造，也有新的主体来满足需求，在这个过程中就创造了价值。而优秀的主动权益类基金管理人通过在市场上挖掘优质的上市主体参与企业价值创造的过程、享受价值创造的收益。

然而面对市场的起伏，难免有心态不淡定的时候，此时我们可以尝试先来问自己一个问题：权益类基金到底值不值得投资？正面回答这个问题之前，我们来看一下市场的过往。回顾历史，上证指数迄今为止的历史高点出现在 2007 年 10月 16 日，当日上证指数盘中攀升至 6124.04 点。在 13 年多后的 2021 年年底，上证指数收于 3639.78 点，从 6124.04 点到 3639.78 点，看起来权益市场的投资性价比似乎并不高？

其实这里有一个常见的误解，首先，上证指数由于编制规则原因，并不是一个很好的投资标的，而更为重要的是，上证指数未创新高并不意味着市场没有赚钱效应，从权益类基金同期的表现来看，它仍然取得了不错的年化收益率。我们

以代表权益类基金平均表现的偏股混合型基金指数（885001）为例，该指数期间累计收益率为 144.3%，年化收益率为 6.66%。

数据来源：Wind，统计区间：2007/10/16—2021/12/31

图 2.14　偏股混合型基金指数与上证指数收益比较

从上图可以看出，权益市场并不是不值得投资，选对标的才是关键。但是，又有一个问题接踵而来：是不是选对标的，就一定可以赚到钱呢？其实也不然！

我们先给大家介绍一个名叫"闪电理论"的概念，它由美国的投资大师查尔斯·艾里斯在 1985 年出版的《投资艺术》一书中首次提出，在其另一著作《赢得输家的游戏：投资者永恒的制胜策略》中也有阐述，作者统计了标普 500 指数在 1980—2000 年的收益水平，他发现，若将其中涨幅最大的 30 天去掉，年化收益率将损耗超过一半，从 11.1% 下降至 5.5%。通过统计分析，作者论证得到结论：

投资中 80% 的收益来自 20% 的时间，所以闪电打下来的时候，你必须在场。作者用这样一个例子来类比："在一个阴雨的夜晚，一条乡间小路上，前路一片漆黑。这时，一道闪电划过夜空，如果你在路上走，那么这道闪电就照亮了前进的道路。如果你不在路上，你只能听到一声巨响，并感到非常恐惧。"

回到 A 股，以偏股混合型基金指数（885001）为例，该指数过去 17 年的交易日中，如果错过涨幅最大的 10 天、20 天、30 天，收益率一样会大打折扣。

这些涨幅最大的交易日，就仿佛阴雨夜里的闪电，当它打下来的时候，只有不惧波动坚定持有基金的朋友，才能赚到收益。所以，选择超额收益可持续的基金并长期持有，才是通过买基金赚到好收益的正确做法。

要选到好的基金，其背后的投资策略和底层逻辑至关重要。比如，始终强调估值安全边际和投资性价比的"低估值价值投资策略"。为什么低估值价值投资策略的基金长期会表现较好，是偶然还是价值回归？我们可以简单探究这一策略背后的逻辑。

比如，在任意时点，低估值价值投资策略的投资组合都可以保持高性价比优势。这是因为，这个策略是从基本面风险低、估值低、较高的独立成长性等角度选择行业和股票，通过动态调整使投资组合在任意时点均始终具有估值优势：上涨有动力（估值修复），下跌有安全边际（估值防护），从而保持较高性价比。

基于这一逻辑，低估值价值投资策略自下而上始终精选具备低估值和较高成长性的标的。所以我们会看到，当风格极致演绎后，低估值价值投资策略基金投资组合的整体估值往往会得到不断修复。

在投资权益类基金时，虽然从资金期限的角度来看，钱是长钱，但市场的波动有时太过惊险，心态稍有不稳，不少投资者难免就会在黎明前的至暗时刻赎回基金。所以说，完成投资之后适度远离市场，也许就是克服人性这个弱点的较好方法，让我们适度保持投资中的"钝感力"，在幸福的闪电出现时保持在场，才不会错失难得的机会。

按住不安分的手，权益类基金这样投

中国公募基金行业自 1998 年破土萌芽至今，栉风沐雨，已然走过 20 余年。越来越多的投资者加入"买基"的行列，公募基金行业的资产管理规模也随之壮大，Wind 数据统计显示，截至 2021 年 12 月底，我国公募基金整体规模已达到 25.32 万亿元。虽然行业规模在快速上升，但投资者相对更加体系化、科学化的投资意识并没有像规模增长一样同比例线性提升，不少投资者依旧热衷于短线投机，也多因短线投机过程中未能精准地逃顶抄底，反而错失了应该与持有资产相匹配的收益。

中国证券投资基金业协会此前统计，有 47.9% 的基金个人投资者平均持有基金的时间少于 1 年，其中持有时间少于 6 个月的占比 16.0%，持有时间在 6 个月到 1 年之间的占比 31.9%（见图 2.15）。中国基金报、蚂蚁财富等机构 2021 年联合发布的《权益类基金个人投资者调研白皮书》显示，有 38% 的受访者表示最近一年的基金投资处于亏损状态（见图 2.16），而同期市场上净值收益率为正的优质基金产品并不在少数。投资者似乎陷入了一个怪圈：基金赚钱但基民不一定赚钱，投资者往往拿不住，期望通过频繁申赎买到短期涨得最好的产品或者逃离短期的回撤赚取超额收益，但实际却常常追涨杀跌，进而造成亏损。

那么，对于普通投资者而言，应该如何逃离这个怪圈呢？

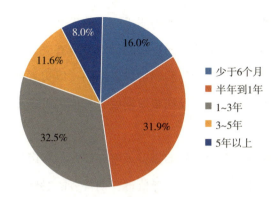

数据来源：中国证券投资基金业协会. 2018 年度基金个人投资者投资情况调查问卷分析报告

图 2.15 基金个人投资者持有单只基金的平均时间

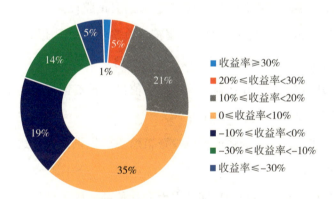

数据来源：中国基金报，蚂蚁财富，等. 权益类基金个人投资者调研白皮书

图 2.16 权益类基金投资者近一年的收益情况

选择一项好的投资策略

巴菲特曾说："价值投资需要长期坚持，如果你不愿意持有一只股票 10 年，那么你连 10 分钟都不要持有。"所言不虚，在巴菲特常买的股票中，有的一买就是数十年，这里面有他小时候当报童就开始送的《华盛顿邮报》，有他常年如一

日所青睐的饮料品牌可口可乐，有他刮胡子时用的吉列剃须刀……当然，巴菲特对于某些股票的长期投资与他持续的有新的可投资金有关，也与美国过去这些年的经济周期有关，但背后的逻辑是我们可以借鉴的：以买方视角，也就是企业股东的视角来做投资决策，而非仅仅期望短期就有其他人以更高的价格把自己持有的股票买过去。

选股如此，选择好的基金和好的投资策略亦如此。在市场的起伏激荡中，保持长期坚守的策略难能可贵，正如选择值得长期持有的股票要关注企业盈利的持续性一样，值得长期持有的基金，其投资策略和超额收益的可持续至关重要。

一直坚守低估值价值投资策略的基金公司希望获取的是"可持续、可复制、可事先解释"的超额收益，策略的预期回报都来自投资企业自身能够创造的现金流和盈利，收益来源"脚踏实地"，根源于企业的真正成长，一句话概括就是"买好的+买得好"，以便宜的价格买隐含回报符合策略要求的优质资产。

因此，低估值价值投资策略具备以下四个优势：

(1)安全边际较高——在任何环境下低估值价值投资策略长期来看始终保持优势，一定程度上保障下行风险有限；

(2)能守更善进攻——低估值价值投资策略不仅提供高安全边际，更提供了高隐含回报的空间；

(3)注重风险管理——强调长期基本面和估值的匹配，低估值价值投资策略时刻保持组合层面的高风险收益比；

(4)历经牛熊验证——长期得到验证，能应对市场多变的环境，不在大小盘风格、价值成长风格等细分领域做主动的筛选，无论是大盘股还是小盘股，无论是传统意义上的价值股还是成长股，只要是满足低估值价值投资策略要求的标的就都能买，更有望穿越不同风格周期。

这也是通过低估值价值投资策略获得"可持续、可复制、可事先解释"的超额收益的来源，所以在日常和大家的交流中我们常说，希望低估值价值投资策略可以作为投资者的长期底仓配置策略。那么，如果选好了策略，接下来应该怎么做？

长期坚持去做

芒格曾说过："去发现什么东西是有效的，然后坚持去做。"众所周知，巴菲特和芒格是一生的挚友，在投资界，芒格又被称为巴菲特的"右手"。芒格告诉巴菲特，做投资不要只会捡便宜货，要学会辨别什么是好生意，**并且长期持有，最好是永远都不需要卖出。**

拉长时间周期来看，权益类基金的投资收益是不错的。从过往数据我们发现，对基民而言，同一起始点的基金投资，持有时间越长，获得正收益的概率越高，获得的平均回报也更高。

我们以 Wind 偏股混合型基金指数为例，统计发现自 2012 年 1 月 1 日以来，任意时点买入偏股混合型基金指数，持有 1 年、2 年、3 年、5 年获得正收益的概率分别为 82%、88%、91%、99%（见图 2.17）；随着持有时间越来越长，平均回报也越来丰厚。

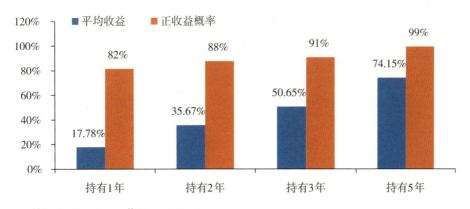

数据来源：Wind，截至 2021/12/31

数据说明：此处偏股混合型基金指数以 Wind 偏股混合型基金指数（885001）为测算对象，各区间段平均收益数据与正收益概率数据均通过简单平均法计算所得

图 2.17　偏股混合型基金指数不同持有时刻的收益

　　没有人能精准预测市场，想要突破"拿不住、频繁申赎、追涨杀跌"这些怪圈其实很简单，只需选择一个看好的策略、知行合一的基金，按住不安分的手，买入并长期持有。

第三章

Chapter 3

因为相信·所以看见:
一起做真正赚到钱而非仅仅赚过钱的投资者

为什么要坚持低估值价值投资策略

回顾 2018 年以来的低估值价值投资策略，尽管其发挥了赚钱效应，但在所有策略中相对表现并不是最好的，2018—2020 年期间表现最好的资产是高估值、有主题和故事的股票。但是，我们不能把这几年高估值股票的表现做简单的线性外推，无论过去还是现在，我们都需要审视估值和价格的关系以及低估值价值投资策略的重要性。

为什么要坚定坚持低估值价值投资策略

过去几年，虽然低估值价值投资策略面临不短的"失效"时刻，但是我们仍坚定低估值价值投资策略，主要原因有如下三点。

第一，股票的预期回报源于企业自身的盈利和现金流，在基本面不变的情况下，任何资产买便宜的比买贵的预期回报会更高、风险也更小。反之，即便是优质的公司，估值高时买入，预期收益也会降低、风险会提高。

在我们的低估值价值投资策略体系下，股票投资的超额收益必须用低估值解释，通过低估值下现金流的回报获得超额收益。总体来说，无论所投资的公司或赛道是好还是坏，价格和估值都决定未来的预期回报和风险。

第二，一个公司足够好、增长足够高，估值高一些也没关系。重点需要关注

3点：（1）增长天花板。比如若所有人都在用新能源车，则未来增长空间有限，这就是增长天花板；（2）竞争格局。看起来牢不可破的龙头公司，也会面临意想不到的竞争。所以，不要简单地认为一家公司是龙头，就给予高估值；（3）周期性。比如，2007年，由于资源稀缺、油价持续上涨，最赚钱的当属石油公司。但是，当前由于新能源的冲击，一些过去看上去牢不可破的公司没那么坚不可摧了。

因此，我们不要简单地线性外推公司的高净资产收益率（ROE）可以持续，在预期很高时，一定要思考风险在哪儿。如果估值很高，ROE可持续是合理的；但如果高ROE很难持续，那一定要小心并远离这些资产。

第三，在估值定价上，高估值股票比较脆弱，也具有不对称性。脆弱性也就是常说的盛极必衰，如果基本面出现问题，就会有蝴蝶效应，预期增长就会大幅下降。不对称性是指一旦出现问题，亏损较大；不出问题，也赚不了多少钱。

资本市场风起云涌，未来很难预测。当前我们看到大量的资产价格处于很高的位置，资产潜在的波动和风险大幅提升。特别是大家对于一批高ROE的好赛道，也就是"核心资产"未来的预期非常高，与之对应的价格也很高。

然而，根据我们的研究，恰恰和市场的理解相反。这些"核心资产"自身的确定性并不强，它们面临增长见顶的天花板风险、周期性风险以及外部竞争的风险，当然也可能面临政策风险，包括反垄断、税收风险等。大家对这些风险并没有太大的关注，但是在定价上却给予确定性很高的溢价。回顾历史，市场对于未来过高的预期和定价在一次次发生。因此，这也是我们不去买"核心资产"、对价格越来越慎重的原因。

不断进化的低估值价值投资策略

长期来看，低估值价值投资策略是非常有效的。其背后有一个重要原因：低估值价值投资策略非常关注风险。市场是不确定性的，风险无法预判，需要有勇气去正确地承担风险，以追求更高的风险补偿。比如很多人始终认为烟蒂股风险比较高，没有那么耀眼。恰恰如此，它的价格比较便宜，导致的结果是低估值价值策略的隐含回报率较高。

有不少观点认为低估值的资产有风险，其实大家对于其未来的评估不太客观。低估值价值投资策略追求的是以便宜的价格买到风险较低的资产，这类资产关注的人较少、交易不拥挤。我们认为，一个资产的价值大小本质上是它整个生命周期创造的现金流的折现，这就是我们对低估值价值投资的定义。准确地说，我们一直强调低估值本身并不会创造 α，简单的低估值价值投资策略是高风险策略，投资要关注以资产本身的盈利和现金流为基础的基本面，超额回报应该建立在基本面的低风险，以及完整的生命周期的低估值上。

所以，我们关注的永远是资产本身的盈利和现金流，以及创造这种现金流的能力和真正的风险大小。

对于风险我们有两个层面的认知，一个层面是对那种未来存在一定的概率或者概率分布风险，我们可以事先去评估和判断，比如通过技术统计、量化等方法评估它的概率分布和可能性。对于这种风险，我们可以进行风险控制和管理；另一个层面是对未来的可能性完全没办法评估、完全不确定的风险，比如市场跌到零的概率，或者发生战争、自然灾害等极端情况的可能性，这是我们没有办法评估的。对于这种风险，我们认为，选择哪种方法去正确地承担这种风险并建立一种承担风险的竞争优势，正是我们以风险和不确定性为核心的低估值价值投资策略需要去应对和面对的挑战。

过去几年，我们的低估值价值投资策略在不断进化，对于这一策略的认知也在不断精进。总体而言，最大的感受主要来自三方面：首先，我们对于这个世界的发展，应该要保持足够多样性的理解，要多样性地接受。虽然我们坚持低估值价值投资策略，但要接受在某一个时刻我们会去买那些我们的模型里最没有低估的公司。甚至在某种时代背景下，可能完全不赚钱、一直在烧钱的公司，也会进入我们的视野。对于认可的公司，不是拥有某个标签或某种特征的公司，基于同样的底层逻辑，不同时代背景下，我们会选择不一样的公司。第二，尽量让投资团队去探索和研究各种各样的公司和资产。低估值价值投资策略的股票池是不加前提条件的，ST 公司也要覆盖。因为我们要保持大脑的开放，尽量消灭研究盲区，就要保持思想和组合上足够的多样性和可能性。第三，对风险和不确定性的理解。我们要敬畏市场，风险和不确定性不会让我们畏缩，而是使我们更有勇气去承担风险，更客观地评估存在风险的可能性，从而有勇气正确地承担风险并获取更高的风险补偿。

市场风云变幻，历史经验证明，投资机会通常在波动中孕育，价格终将反映价值。基于我们对低估值价值投资策略的信心，我们始终坚持低估值价值投资策略，风格坚定不漂移，真正做到了"可持续、可复制、可事先解释"。

浅谈不确定性与资产配置

为什么要做资产配置？其原因几乎众所周知。从对成熟市场的归因分析中可以看出，资产配置决定了机构回报率的差异。社保基金、某著名的大学捐赠基金等相对高且可持续的回报在实践层面给出了很好的示例。

基于宏观视角，资产配置是财富格局的核心点，因而导致在把钱投资出去这件事情上，机构和投顾都向客户宣导要做资产配置，不能投资于单一资产。但投资者常常有难以克服的心理障碍，恐惧和贪婪循环往复，投资之前希望风险可控的情况下收益尽可能最大化；投资之后则懊恼于为什么没有买期间收益最高的资产类别。大概因为风险收益偏好不明、投资过程存在变数、投资结果存在不确定性等，上述的情景衍生的困惑总会在投资过程中频频出现，使投资者左右摇摆，最终为积小胜而获大败。

很多人愿意把投资归结上升到人性的层面，以艺术性的方式进行描述。笔者加入资产管理行业以来，有幸参与研究、投资两个方面，然而还未能足够意识到人性该如何，但是认为将专业化和纪律性结合起来，通过资产配置，保持应对不确定性的科学态度，才有可能无惧市场波动，赚取超额收益。

关于资产配置，我们需要理解四个方面：一是基于资产的客观、事实和逻辑的专业性；二是基于风险视角，研究定价、不确定性、不对称性；三是尊重多样性，以多角度、多层次、多资产分散的方式构建组合；四是保持框架的持续性，基于主动、价值、纪律的方式投资。

众所周知，农业社会进步较慢，进入工业时代，分工是一个显著标志，工业品的生产效率都得到了大幅提升。分工的核心在于专业性和建立优势。但是，把握单一资产的难度实际上很大，凭什么获得这种优势呢？每一类资产均有潮起潮落，投资者最不应在拔地而起之后倾注、底部蓄积力量之时抛弃，那么第一步要做的就是理解每一类资产的特点和风险收益特征。这需要科学的方法：研究资产类别的风险收益特征，资产的潜在收益区间、波动率范围，资产底层的现金流情况、竞争力状况、未来发展等客观情况，甚至资产定价原理、关键影响因素和参与投资者类型等。例如股票特定期间回报来源于企业的业绩增长、分红、通货膨胀和估值变动，整体长期的估值区间在 10～25 倍。股票如果跨过了超高通胀、政治风险等冲击期间，长期名义年均回报约 10%、波动率约 20%。股票的长期回报表现优异，因此长期资产配置的要义是必须更偏好股票。相比而言，债券收益有限但波动小，商品供需驱动价格波动大但仅能抵御通胀。此外，大类资产之下还需理解各种工具和结构，如可转债、基金、期货、期权等。

如果从一种资产到多类型的资产，又该如何做资产配置？这里面串起来的核心因素是风险，因为获取回报的另一面对应的是承担风险。当然需要区分是真正的风险还是波动，波动创造了超额收益的机会，但真正的风险则意味着失去真金白银，如股票清零、信用债违约、极高通胀让国债等于"废纸"等。

首先，基于风险视角研究资产很关键，基于此才能弄清楚资产定价所呈现出的情况。比如在当前风险暴露下，定价是不是反映基本面的，资产是不是便宜的，预期回报是不是高的，相比其他类资产机会成本是不是高的等。

其次，宏观经济周期、产业技术变迁、公司基本面、市场交易偏好等都充满了不确定性，导致资产所面临的风险暴露是不断变化的，进而在资产配置上导致资产敞口的调整。

最后，宏观上同样的风险对于不同资产的影响程度不同，例如经济上行中股票、房地产、商品均受益于扩张，但债券则受损于信用需求的扩张或货币政策的收紧。近年来典型案例是新冠疫情爆发后的 2020 年年初，风险急剧升高，从资产配置角度看直觉是提高债券配置的权重，但将定价、不确定性和不对称性结合起来，股票市场超过 10% 的调整、债券较大幅度上涨、股票风险溢价水平处于绝对高位、风险补偿水平较高，此时恰当的做法是提升权益类资产的配置比例。

自然界的生态多样性带来的复杂性、层次感、优胜劣汰引致了生命力，而以多角度、多层次、多资产分散的方式构建资产配置的组合，可以提升资产组合的生命力。尊重多样性，就是在某种程度上认识到世界万物的不确定性和复杂性。花无百日红，任一资产都有其生命周期，试图从任何一类资产中持续获取收益，尤其是持续获取超额收益都是困难的。更何况做出决策的人往往难以保持理性，即使天天与投资打交道的专业投资者亦有其边界。单一资产配置可通过专业性建立优势，但仍难以对抗不确定性。相比较而言，资产配置通过资产组合进行风险分散，在同等风险下获得更优回报，因而称之为"免费的午餐"。要点在于分散风险必须是实质分散，从资产背后的驱动因素出发，考虑资产之间的相关度是否足够低，否则即使组合有 100 只股票，高度同质化也会导致降低风险程度有限。并且在特定的宏观环境中，资产的相关性还会变化，如 2020 年年底永煤事件后，央行货币政策显著宽松，股票、债券、商品、外汇同涨。

需要强调的是，资产配置不是指通过判断短期资产的走势以调整仓位，但我们认为不确定性是投资遇到的常态。因而到了实际操作层面，基于前述内容形成一个框架并持之以恒，以主动、价值、纪律的方式投资，对于资产配置更有意义。对于资产的价值，需在底层纳入客观的分析，基于风险的视角去比较，如采取逆向投资，市场低迷时勇敢买入，市场亢奋火爆时小心谨慎，则有可能创造超额收益。此外，资产配置中较为重要的是再平衡，而这一过程中要求的纪律性是很高的。举个例子，基于风险溢价水平的资产配置再平衡需要我们判断资产估值的合理中枢水平，结合估值与价值判断资产隐含的回报水平，在某类资产被低估之时加大比例，而在某类资产被高估之时降低仓位。

投资者总怀揣着美好的期许参与投资，但从过程到结果的映射存在不确定性，如果能思考资产配置决策的科学性，在实际投资中每一次做出的决策都是基于良好的逻辑顺序，想必能得到更佳的结果。

　　最后仍要"泼冷水"，资产配置并不能解决投资中的很多问题，如果实践未实现目标，有很大的概率在于我们低估了不确定性或者并不了解自我偏好。但正是艰难的日子塑造了我们，如能在此基础上精进资产配置，则有可能向实现投资目标更进一步。

3.3 便宜才是硬道理？
——论基金投资中低估值的意义

古往今来、大洋内外，"低买高卖"是人类商业活动盈利的一个共通原则。古有低价扫货、待价而沽、"囤积居奇"之吕不韦，今有低位重仓、十年不卖、价翻百倍之巴菲特。而在日常消费行为中，大家也通常能够自然而然地做出"高性价比"的选择。比如到市场买菜，我们会货比三家，选品质相对不错但价格便宜的购买；去逛商场，往往是打折季或商场有会员活动时人最多，因为可以用更低的价格买到同样质量的商品；又比如网络直播近些年大火，也是因为直播间里的产品省去了很多的"中间环节"，用"全网最低价"和大量赠品紧紧抓住了消费者。"买低卖高""价低质优"，这些都是生活中再简单不过的合理行为。而一旦转换到投资场景，"追涨杀跌""高位接盘""忍痛砍仓"却成为很多普通投资者常见的投资误区，这不禁令人疑惑——为什么道理都懂，在投资时却难以做到呢？

归根结底，或许在于前者是单纯的"消费行为"，后者则属于"投资行为"。

当我们不指望"钱能生钱"即单纯的花钱时，我们更看重的是"少花钱，多办事"，只要结果达到了，"消费"行为即结束，我们在消费过程中获得满足，在消费的结果中充分享受。

但是，投资行为则不同，投资虽然看起来也是"把钱花出去"，但我们寄希望于这些花出去的钱能给我们带来更多的钱，也就是"钱生钱"。所以精准而言，投资是把钱"放"出去的行为，有放就有收，从放出去的那一刻起，我们就在眼巴巴地盼着能有更大的斩获。就是这一点点的区别，造成了两者心态上的极大不同。一个是单纯地花，所以放松坦然；一个是花了要有得赚，而赚不赚得到又不确定，所以紧张焦虑。常言道"无欲则刚""关心则乱"，正因为"急着赚钱"，所以"心态不稳"。正因为心态不稳，投资中就容易忽略标的资产的质量和价格情况，从而盲目跟风买入事实上价格已经很昂贵、基本面却增长乏力甚至是出现隐患、下跌风险不断积聚的资产。

现代社会通信便利、资讯发达，每个人每天都可以随时随地打开手机电脑查阅和接收大量信息，这为个人投资带来了极大的便利，但同时也导致很多难以辨别的"无效信息"甚至"虚假信息"充斥在投资者身边，非常容易干扰我们的投资心态，导致投资行为变得舍本逐末、本末倒置，发生了扭曲。我们一旦不慎买入上述性价比极低的资产，往往就面临着高位增长乏力、回调概率增大、流动性依赖严重等风险，最终导致"买在高位""一买就套""买什么跌什么"的状况发生。

这样看来，我们可以得到一个很清晰的结论——便宜的资产不一定好，但值得持有的好资产一定要足够便宜。也就是说，投资行为中性价比依然很重要！

很多普通投资者沉浮"股海""基海"多年，却发现"出发信心满满，归来行囊空空"，赚钱的都是"别人家的孩子(股票、基金)"，自家的就是不争气。背后罪魁祸首分析下来，"买错了"是表象，而"买贵了"才是本质。再精密的判断，也会受到市场尾部风险的影响；再好的股票，一旦昂贵起来，性价比也大不如前。

因此买得便宜即低估值，一方面可以降低万一选错投资标的所带来的亏损，另一方面可以提高资金使用效率，摒弃性价比不佳的资产而选择持有成长空间更大但估值仍足够低的资产，以提高整体的预期收益率。由此可见，投资中"低估值"的真正意义在于：一手降亏损风险，一手增预期收益，两手都要抓两手都够硬，这就是低估值的好处。

便宜买好货，道理简单，实则极具挑战

分析了原因，得出了结论，但要怎样才能实现投资组合的"低估值"呢？答案正如韩愈的那句名言——闻道有先后，术业有专攻，如是而已。

经常听到周围很多投资者抱怨无法找到真正优质的标的资产，其实这几乎是非常确定且客观的。除了上面提到的个人投资行为因心态易发生扭曲而陷入简单的追涨杀跌之外，投资标的资产的选择本身就是一项门槛极高的专业行为也是一个重要原因。筛选投资标的，需要高密度的基本面调研，而非道听途说的小道消息；需要详尽深度的财务数据分析，而非根据季报、中报、年报粗略估算；需要十分优秀的宏观综合预判，而非跟着新闻买或卖。这些若不依赖于深耕某领域多年的专业机构、专业人士，恐怕是难以实现的。

不同的投资者可能从事着各行各业的工作，众功皆兴，各显神通，每个人都在自己熟悉的领域发光发热。然而隔行如隔山，错综复杂、瞬息万变的金融投资领域亦如是。专业的资产管理人通过体系化的投资策略，依托先进的终端系统，利用自身所学积淀，结合机构平台专业团队及调研优势，对看似毫无关联、头绪万千的海量数据和信息进行跟踪、分析、对比、输出，转化为对于投资领域、投资标的的深度见解，再根据产品投资目标将这些结论运用到不同的产品组合中，为不同投资者提供多种多样的专业资管方案。

改革开放40多年以来，中国经济迅速发展，但公募基金、大资管时代的真正发展也就是近年来的事情。以前大家喜欢自己炒股，但数据统计显示，自2010年到2020年这10年间，公募基金产品数量从700多只增加到6000多只，而管理总额从2万亿元增长到15万亿元，几乎增长了7倍。这种爆发式增长的背后，恰恰反映出越来越多的个人投资者体会到了"把专业的事交给专业的人来做"的好处。当然，如果确实相信自己的实力，想亲自操刀做投资，那请记得我们的提示：买在好货便宜时！

价值投资中的"不确定性"

　　说到"不确定性"，直观上的理解就是"说不准"，即某一事情未来的发展可能存在几种情况，而当前不能准确地说出哪种情况会在未来发生。

　　以研究微观量子物理学中的"不确定性"为例，这里不确定性指被测量物理量的不确定性，由于在一定条件下，一些物理量所表现出来的值是不确定的，因此在不同的时间测量，就有可能得到不同的值，就会出现不确定值，即测量它时，可能得到不一样的值，得到的值是不确定的。例如我们无法同时准确地测量电子的位置和速度，位置越精确，速度就越不精确，反之亦然。而且，我们的观测行为本身就会对测量结果造成干扰。这一过程中，观测者和观测对象相对独立的界限就被打破了，我们发现自己无法把握世界的本质，甚至根本就不存在一个确定的世界，而只有一个不确定性的世界。

　　对应在经济学中，不确定性意味着参与者在事先不能准确地知道自己的某种决策将带来怎样的结果。或者对应的，只要一种决策的可能结果不止一种，就会产生不确定性。不确定性在经济学中常常是属于风险管理的范畴，指经济主体对于未来的经济状况（尤其是收益和损失）的分布范围和状态不能确定。具体到投资中也会面临不确定性，宏观经济的周期性、行业景气度变化、企业盈利能力的差异、交易价格估值的波动等不确定性因素叠加在一起，就会使得投资收益本身面临着更大的不确定性。对应的就是权益类资产的投资存在着较大的风险。这里的"风险"与"不确定性"相比在程度上还要收敛一些，风险往往是知道会发生哪些情况，只是不知道哪种情况会发生，或者说每种情况发生都是随机的，都对应着一定的概率；而不确定性意味着可能连哪些情况会发生都无法确定，后者的影响往往比前者更为深远，或者在某种程度上说，风险是由不确定性导致的，因此很多表述中两者不会做严格的区分。

市场中不确定性对应的表现之一就是其波动较大。Wind 数据显示，从 2001年初到 2021 年年底，上证指数的年化波动率达到了 24.15%，不可谓不大。投资大师巴菲特使价值投资这一概念耳熟能详，在这样的一个高风险的市场中又是如何获得长期较好的投资回报或超额收益的呢？价值投资首先要求全部的预期收益必须来自资产本身的盈利能力和现金流；而不能是基于趋势判断或不断有资金交易接盘来获得。"趋势投资"往往依赖于后续资金的不断流入而推动资产价格上涨，而资金是否能够持续流入是很难判断的，它往往是由市场其他参与者的共同行为决定的；而价值投资的收益来源是从资产本身的盈利能力出发，是基于资产本身的研究，依赖于投资者的研究能力，只要能不断找到盈利或创造持续现金流的资产，就能获得相对应的收益。那么在此基础上，如果面临同样的基本面或者风险，假使能够以更低的估值和价格买入该项资产，无疑将获得更高的预期收益或者超额收益，所以更低的风险和更低的估值是获得更高的超额收益的必要条件。因此在不确定的投资世界里，特别注重估值安全边际的价值投资策略我们会更为具体地称之为"低估值价值投资策略"，它既要满足价值投资对于预期收益来源的要求，又要满足对于风险和估值的要求。

乍看上去低风险和低估值似乎不容易同时满足，低风险往往不会低估值，同样低估值往往意味着相应的风险也不会低。从投资的角度看，任何一项资产未来的价格变化都是充满不确定性的。就低估值价值投资策略而言，即使标的资产未来不会出现大的影响持续发展的风险，但如果估值过高未来对应的预期收益也会降低，反之亦然，即使标的资产估值很低，但如果基本面风险较大，也应该远离这样的"低估值陷阱"，所谓"君子不立于危墙之下"。因此可想而知，对于标的资产既要满足低风险又要满足低估值的要求就意味对于其基本面理解和研究能力的要求非常高，要求投资人能够尽量完整地对标的资产未来发展的各种可能性进行分析判断，既包括可能出现的情形，又包括每种可能情形对应的概率，即对风险进行尽可能的准确评估，也即尽量减少用"风险"来刻画"不确定性"所产生的误差。

有的时候，标的资产的低估值是因为其基本面的高不确定性，这个时候的低估值是否真的"低"就格外重要，真正的低估值是需要经过风险调整后的低估值，是对于风险充分定价后仍然便宜的低估值。面对对应标的基本面发生各种情形所对应的不同概率分布，如果呈现利好因素的整体概率明显大于利空因素的整体概率（即使在极端利空情形下的损失也比较有限），与此同时，在各种利好因素发生的时候对应的加权收益远大于各种利空因素发生时对应的加权损失，即对应标的资产不确定性的定价既能有较高的胜率又能有较高的赔率，换言之，就是对应标的资产未来不确定性基础之上的定价足够低，能使得对应未来的收益较为可观而损失较为有限，体现为风险和收益的"非对称性"，则这样的标的资产就可以去配置，即正确地承担风险。例如对应 2014 年时某个地产股票标的，影响其盈利水平高低的核心要素是房价的涨跌。当时的宏观背景下或较难简单地去判断房价的走势，它本身是一种风险，但我们可以量化房价涨跌的不同情况对于标的资产盈利的影响。对应当时股票价格测算下来发现：房价跌幅 30%，企业的 ROE 仍然能有 10%；房价跌幅 50%，企业才会不赚钱；房价跌幅 70%，企业才会有破产的风险；房价不变，企业的 ROE 还能有 30%；房价涨幅 30%，企业的 ROE 将达 100%；而如果房价涨一倍，企业的 ROE 将高达 500%……在这种情况下，房价的变化对于企业盈利水平的影响呈现出"非对称性"，即房价下跌对于企业盈利下跌的幅度小于房价上涨对于企业盈利上涨的幅度——"向下风险可控而向上收益可观"。因此，就低估值价值投资策略而言，这样的股票标的就适合配置。这种同时追求较高胜率和较高赔率的策略，长期坚持下来往往就会收获很好的超额收益。

从与日常生活关联无多的微观量子力学到越来越受人关注的投资领域，"不确定性"无处不在，而不确定性的存在究其根源往往是人类认知的局限性，人生也是充满了不确定性，它往往成为现代社会焦虑的来源。人之所以困惑就是因为要面对不确定性下的选择，而如果一个选择可能面临的风险可控，甚至最差的情况出现也可以接受或应对，而可能获得的收益会非常可观，那么这样的一个选择就值得去做。积极地去面对，仔细地去分析，勇敢地去选择吧，人生的有趣之处往往就在于它的不确定性，而正确地承担风险的人生或许会更加精彩。

为什么说基金投资"重要但没那么紧急"

关于时间管理，有个著名的四象限理论(来源于著名管理学家史蒂芬·科维撰写的《高效能人士的七个习惯》这本书)。它把普通人每天可能面临的事情按照"紧急程度"与"重要程度"这两个维度划分为以下四个象限：紧急又重要的，紧急但不重要的，重要但没那么紧急的，没那么重要也没那么紧急的。这样划分后的每个象限都对应着我们工作生活中需要面对或处理的事项，而对于基金投资这件事情来说，它更适合于"重要但没那么紧急"这个象限(见图3.1)。

随着公募基金专业投资力量的持续展现和资产配置理念的逐渐普及，不断有新的投资者加入基民行列。很多通过基金"跑步入场"的投资者可能对于基金投资抱有过高预期或并没有做好长期持有的准备，从而在短期内或许会有一些"投资挫败感"。但实际上，基金投资作为"重要但没那么紧急"的实践课，不断提升对于基金投资的认知，才可能给投资实践提供更好的指引。那么为什么基金投资重要但没那么紧急？提升投资认知会为我们的基金投资带来哪些帮助？

基金投资为什么重要?资产配置中至关重要的部分

在我国，包括公募基金在内的大资产管理行业正迎来最好的发展时代。根据相关专业机构的研究，当前居民资产从传统储蓄流入包括公募基金在内的普惠性

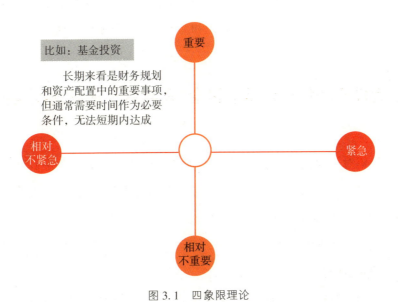

图 3.1 四象限理论

金融产品，已成为大趋势。例如，中金公司在 2020 年 6 月发布《中国股市生态的四大变化》的研究报告就曾指出，我国居民家庭资产自改革开放以来开始逐步累积，伴随着经济发展水平逐步提高和生命周期的演进，居民家庭资产配置主力从满足生存、生活基本需求起步，向提高生活水平（购买各类家庭耐用消费品），购买不动产、乘用车等"昂贵"的资产不断发展，目前可能正在进入金融资产配置加速的拐点。

但现实情况是，公募基金在我国居民家庭资产中的占比并不大。根据央行发布的《2019 年中国城镇居民家庭资产负债情况调查》，我国城镇居民家庭资产中仅有 20.4% 为金融资产，基金又只占到金融资产部分的 3.5%。

无论是上面提到的券商研究报告，还是央行的情况调查，它们提到的"金融资产"都包括看上去"风险不低"的投资品种，比如权益类基金。这类资产在长期来看是可能给投资者创造高收益的品种，因此资产配置里面必须有这类资产，为什么这么说？对于权益类基金投资的实质，我们可以简单理解为：基金投资者买入权益类基金→权益类基金买入上市企业股票→获取上市企业盈利增长带来的投资收益→分享经济的长期增长成果及趋势。长期来看，权益类基金尤其是主动权益类基金，凭借基金管理人的责任意识和专业能力大概率可提供超额收益。

基金投资为什么没那么紧急?舍弃急于求成,慢才能快

基金投资对于我们普通投资者的长期财富规划很重要，但并不意味着我们"立刻、马上"就要通过基金投资获得收益。我们常常听说"很少有人愿意慢慢变富"，讲的也是这个道理。投资，需要慢：放慢脚步，看淡短期目标。可持续的收益需要通过时间进行交换，短期大多是运气。那么，普通人应该如何做才能获得可持续的收益呢?

首先，知晓投资大多数时候平淡的事实。权益类基金长期来看有良好的年化收益率，但在投资基金的过程中，大部分时间是平淡甚至是痛苦的，我们在投资基金的过程中，或许可以提前了解这些要点，切勿将基金投资当作是"及时行乐"的事情。根据过往运行情况来看，市场的"大涨大跌、跌宕起伏"可能不会每天上演，但实际上股市更多时间是处于震荡之中，这样的时刻通常都比较"磨人"，拉锯时间也会比较长，对于投资者而言，这种平淡甚至"痛苦"会不断地消耗精力：今天基金跌了就难受一会，明天基金涨了就会开心一会，这样过于影响生活、持续消耗精力了，反而得不偿失。基金投资过程中的平淡才是常态，这背后与基金投资的"二八定律"有着关联，这个定律大致是说"基金80%的收益，很多时候来自20%的时间"。这是因为投资基金的收益曲线是非线性的，80%的时间大概率在经受波动和等待，大概20%的时间有望获得较好收益(见图3.2)。但没有之前80%时间的布局和耐心等待，那么20%的收益时间也基本上与我们无关了。这里用7年期的金牛基金的走势来阐述基金投资中的"二八规律"。以《中国证券报》公布的2020年第十七届中国基金业七年期开放式混合型持续优胜金牛基金奖获基金(共10只)为统计对象，通过算术平均加权收益率形成指数拟合图，统计2014/1/1—2020/12/31期间该拟合指数与上证指数的走势，可以发现：在

7年的考察时间区段内，金牛基金指数的超额收益显著，但它真正在上涨的时间只有7个阶段，可以理解为只有这7个阶段在创新高，创新高的时间天数加起来只有435个交易日，时间占比是25%。但恰恰是这25%的时间供了近95%的收益，所以我们说基金投资当中"二八法则"无处不在。

基金的投资收益在时间上是非线性的
80%的收益，可能只来自于20%的时间

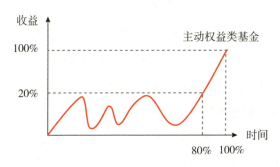

图 3.2 收益曲线

　　其次，要有合理的收益预期。我们对于基金投资的收益预期还要摆在合理的位置。比较适合多数投资者的做法是用闲钱投资，并做好中长期持有的打算。怎样才算是"合理的预期收益"呢？投资预期这件事因人而异，通常可能不会有标准答案，但可以从以下两个方面来确认自己的收益预期是否合理：**一方面，对短期收益不要抱有过高期待甚至不要期待。**市场短期几天甚至几周的涨跌比较随机，与公司价值本身没直接关系，反而和市场情绪等因素关联更大，对于持有的基金也是一样，对基金的短期收益走势抱有期待，容易让我们在波动中被打乱分寸，从而意气用事，放弃预测和短期期待更容易让我们到达资产合理保值增值的理想彼岸。**另一方面，对长期收益的期待可以相对积极乐观。**根据 Wind 的数据，最近15年偏股混合型基金（以 Wind 基金分类标准下的偏股混合型基金指数（885001）为考察对象）年化收益率15.16%（截至2021年4季度末），长期回报超过市场上绝大多数普通投资者可配置资产的同期表现。因此权益类基金投资最好从长期投资、长线持有的角度出发，适当降低自己的短期预期并保持乐观积极的态度。

最后，用长期投资去抵御波动带来的负面心理效应。上文提到的偏股混合型基金最近 15 年的年化收益率超过 15%，这是非常惊艳的数字。但要考虑波动率的话，近 15 年的年化波动率为 21.84%。也就是说，在偏股混合型基金的投资过程中，我们平均每年可能需要经受大约 22% 的常态波动。当然现实情况是，每当市场大幅波动时，我们都会变得更加厌恶风险。但为了追求长期回报，我们需要承担一定的波动风险，有没有更有效的办法呢？更可取的做法是，在"不紧急"的时间规划中，做好个人资产配置的同时，用时间来换空间，通过长期投资来平滑收益中的波动属性，最终的盈利体验可能会更好。成功的投资不是买在了最好的时机，而是熬过了最艰难的岁月。

有一句笔者比较欣赏的话：人的核心竞争力的提升和养成，很多来自没那么紧急的事情：读书、健身、交智友、培养爱好、提高审美等，这里可以再加上基金投资。而对于基金投资来说，我们期待的是用长期眼光，将资金交给专业的资产管理机构打理，然后把我们的时间花在看书、健身、陪伴家人等事情上，从而提高我们整体的生活效率，给我们带来更有幸福感的人生。

3.6 适合做底仓配置的"低估值价值投资策略"

2021 年春节前的很长一段时间里，全市场一直在极致追捧以白酒等热门行业为代表的核心资产，价值投资逐渐被贴上了大盘、蓝筹、行业龙头等标签，甚至一度有言论表示未来 1000 亿元市值以下的公司都不用看了。但 2021 年春节之后的市场环境急转直下，尤其对于以配置核心资产为主的基金产品，出现了较大的波动，前期市场一致预期开始逐渐松动，过去两年的核心资产行情是价值投资还是趋势热点投资？市场开始出现不同的声音。

低估值价值投资策略的市场表现

2021 年春节后，市场开始逐步关注到低估值价值投资策略的整体表现和市场的差异化，虽然坚持低估值价值投资策略的大多数基金产品在 2019 年和 2020 年的业绩表现普遍大幅落后于配置核心资产的同类基金，但到了 2021 年春节之后，部分核心资产出现大幅调整，坚持低估值价值投资策略的基金则表现依然稳健。虽然三年中市场上的热点各有不同，但无论市场热点如何切换，低估值价值投资策略都能够持续给投资者带来稳健的持有体验。

很多人说，过去两年多时间翻倍的基金没有什么了不起，但如果过去两年时间里没有参与各类短期"热门"的行业和板块，没有盲目追逐估值较高的核心资产，只是通过配置估值低、更具性价比和成长性的优质企业以及企业的业绩增长和估值修复赚取收益，这种知行合一的投资策略就难能可贵了。可喜的是，它在不断获得更多持有人的认可和关注。

低估值价值投资策略的魅力

在价值投资之前贴上"低估值"这原本是应有之义的标签，是为了让广大投资者能够更好地理解价值投资策略本身的逻辑。更通俗的表达就是"便宜买好货"（见图3.3），这其中有两层含义：首先是买好的，就是投资基本面不错，在所属行业具备竞争优势的优质企业，可以享受企业长期业绩增长所带来的增长；其次是买得好，就是要买得便宜。如果想获取超额收益，就必须是在这些企业被低估的时候买入，被低估的价格是获取超额收益的重要来源。

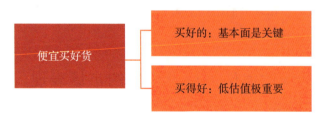

图3.3 低估值价值投资策略的通俗表达

坚持低估值价值投资策略的基金呈现低风险、低估值和可持续的高增长等特征（见图3.4）。低风险是因为所投资的公司或行业基本面风险较低，而且低估值价值投资策略要求这些企业在估值合理甚至被低估的时候买入。而可持续的高增长是要求企业的业绩增长具有持续性，不但重视盈利的高增长，更重视盈利增长的分布。

如果我们把一家公司的估值比喻成一个人的身高，那么可以分成三段：从地面到腰部可以称为低估区间；从腰部到头顶的区间就是合理估值区间；头顶以上

图 3.4 低估值价值投资策略的目标及特征

一直到天空是高估区间，也就是泡沫化区间。

投资高估值资产就像一个人举着一个玻璃球，在高估值的区间投资能赚的钱有限，大多来自公司业绩成长，但承担的估值下跌风险较大，举过头顶的玻璃球掉到地上大概率会摔得粉碎。

坚持低估值价值投资策略的基金寻找被市场阶段性忽视的好公司，能赚公司成长的钱，也能赚公司估值恢复合理的钱，这些公司的估值在膝盖以下甚至脚脖子以下，向上的空间大，玻璃球掉到地上也不会摔碎。

坚持寻找低估值的好公司，让投资组合保持低风险、高预期回报率、高成长性、高性价比等特征，就是低估值价值投资策略的要义。

值得一提的是，真正的低估值价值投资策略是市场中为数不多的可以被归纳为可持续、可复制、可事先解释的投资策略。

可持续。对于始终高仓位运作的主动管理产品，其背后的投资策略以及基金经理业绩的可持续性尤为重要，如果过往业绩只是特定条件下的特定产物，那么某种意义上其背后的策略并不一定是长期有效的。如何界定和判断？去了解投资背后的事实和逻辑。要去判断现在的这种投资逻辑是不是更可靠，是不是能够持续创造更好的回报，意味着要理解市场的变化及其不确定性，然后来适应市场的进步和发展。

可复制。最终呈现出来的业绩、投资绩效的可复制是指我们获取的投资收益或者超额收益不是靠运气，而是有明确具体的投资策略和投资流程做保障。这种投资策略和投资流程内化于整个投资过程后，能保证投资者所持有的产品不会发生风格漂移，也更便于投资者去把握基金经理及其投研团队"知行合一"的含金量。

可事先解释。这意味着能够让投资者相对简单地对所持有基金的业绩建立合理的预期，也意味着我们能够清楚地解释基金获取的收益或者超额收益来自哪里，而且这个来源是真实可靠的。从投资端来看，低估值价值投资策略认为未来是不确定的，作为一个立体的体系，低估值价值投资策略保持自身的独立性，不会随意去追随市场热点。只有通过分析，确定现有价格的隐含回报率是值得投资的才会投资。

很多投资者对低估值价值投资策略的感受就是涨得慢，但是如果拉长投资周期到 3 年甚至更长时间，低估值价值投资策略的持有体验可能完全不一样。

为什么不追逐"热点"

坚持低估值价值投资策略的基金之所以在过去两年没有盲目追逐所谓的"核心资产"，主要原因还在于对风险的敬畏、对估值极低的容忍度以及对优秀企业内生成长的高标准。

涨得慢的感受源于大多数投资者用短期的投资视角去衡量投资收益，把低估值价值投资策略和每个阶段的"热门"基金去对比，大概率配置热门行业和板块的基金大幅领先。由于低估值价值投资策略所布局的大多是被市场错误定价、被低估的优质企业，这就导致坚持低估值价值投资策略的基金不会参与当前市场高估值的"热门股"，所以，阶段收益跑输当下"热门基金"可能是常态，但"热点"往往是阶段性的，坚持低估值价值投资策略的基金会持续赚取企业的盈利增长和估值修复所带来的收益，这样的收益方式在牛市、熊市和震荡市中都可以发挥作用，有望持续给投资者带来长期可观的收益回报。

市场"热点"往往会随着政策、宏观环境等外部因素的变化稍纵即逝，今年的"热点"可能明年就会变成"雷"和"坑",寄希望于持续踏准市场"热点"实在是太难了。但对于低估值价值投资策略,所有的收益来源必须是企业本身的价值与价格差所带来的,源于企业的业绩增长和估值修复,短期可能会有外部因素所产生的市场波动,然而从长期投资视角来看,低估值价值策略所带来的收益相比追逐市场热点的趋势策略而言,是可以事先解释的,这也是其所具有的独特价值。

不忘初心,回归投资本源

不参与短期市场热点和估值高企的趋势投资,低估值价值投资策略可能很难让投资者获得快速的盈利体验,但可持续、可复制和可事先解释的策略有望让投资者获取长期可观的收益回报。

长期稳稳地幸福,可能是对于坚持低估值价值投资策略基金的持有体验最好的表述,也可以说这一策略的产品相对更加适合投资者作为长期底仓资产的配置。

投资是一辈子的事,我们要一起走很久!

知行合一的价值投资

　　"知行合一"四个字在投资领域常常被诸多投资大师提及，很多成功的投资者在被问及成功的奥义时，也往往说到是得益于自己能够坚守知行合一，近年来这四个字也频频出现在营销号和自媒体的大标题里。久而久之，我们都知道了知行合一的重要性，但是我们的投资好像还是没有明显的起色，似乎"我听过很多道理，但还是过不好这一生"在这一领域也困扰着我们。那么在价值投资领域里到底知行合一有多重要？为什么做到知行合一又很难呢？

　　我们先说"知"。能够准确地认识、分析投资标的和市场情况是投资有的放矢的前提，但这谈何容易。"知"的背后是大量的知识储备和经验总结，是独立思考不随波逐流，是尊重常识的坚守，是敢于站在大多数对立面的勇气。有了充分的"知"还远远不够，"行"才是将认知转化为行动和最终收益的桥梁。但在"行"的过程中有太多的纷扰，需要的不只是"看得尽繁华，守得住寂寞"，更重要的是在价值投资确定的"失效瞬间"里"顶住压力独坚定，守得云开见月明"。

　　"知行合一"知易行难，即便是沃伦·巴菲特，也经历着市场的考验。时钟拨转到 1999 年，被后世称为"世纪泡沫"的互联网繁荣行情正在上演，彼时股神巴菲特在一轮如火如荼的行情中表现惨淡。1999 年夏天，《时代》周刊公然在封面羞辱巴菲特："沃伦，究竟哪儿出了问题？"巴菲特仿佛被市场抛弃了，价值投资的时代仿佛也随之结束了。年底巴菲特在媒体峰会闭幕式上发表了著名的太阳谷演讲，其间他用一个段子巧妙地回复了质疑，也用幽默的方式提醒投资者保持冷静和独立思考，在演讲中他讲述了这样一个类似寓言的故事：

"……这让我想起一个关于石油勘探商的故事。这人死后到了天堂。

'我核对过您的情况，您符合所有条件，不过有一个问题。'上帝说，'我们这里有严格的居住区法律规定，我们让所有石油勘探商待在一个区域。您也看到了，这里已经完全满了，没地方给您了。'

这位石油勘探商说：'您不介意我说句话吧？'

上帝说：'不介意。'

于是石油勘探商把手拢在嘴边，大声叫道：'地狱里有石油。'结果可想而知，所有的石油勘探商们开始冲向地狱之门。

上帝说：'这真是一个妙计，那么您进去吧，就跟在家一样，随意些。这片地方都归您了。'

这位石油勘探商停了一会儿，然后说：'不，我想我还是跟他们一起吧，毕竟，空穴不来风啊。'"

这就是人们认识、感受股票的方式。人们很容易相信"空穴不来风"这个道理。在众人的狂热中，连石油勘探商也忘了，那句"地狱里有石油"不过是他随口喊出的谎话，他真正的目的地——那个石油商天堂居住区现在已空无一人，而他却失去理智追随众人去往地狱了。巴菲特借这个故事讽刺那些追随互联网泡沫的投资人，而他自己仍然在价值投资中坚守。

故事讲完，据说现场笑声过后是长久的沉默，参会的许多互联网企业高管和金融投资者仿佛听懂了些什么，但是又似乎受到了冒犯，大家内心中夹杂着心领神会和对这个被时代抛弃的老头的一丝不屑。

长期来看市场毕竟不是投票机，而是称重机，2000 年互联网泡沫破裂，常识又一次战胜了投资者疯狂的幻想，树的确是不会长到天上去的。在众多投资者相互踩踏、损失惨重的时候，巴菲特宛如一个坚守在石油区的石油勘探商，靠着自己的知行合一和在质疑声中的坚守，又一次全身而退，继续缔造着属于自己的辉煌。

投资大师的精彩案例听起来让人振奋，它对于我们自己的投资有什么样的指导意义呢？其实，需要我们知行合一的投资决策，每天都在考验着我们。放眼国内，类似的案例比比皆是，市场这个批评家一直在无情地嘲讽着那些摇摆不定的墙头草，慷慨馈赠那些坚持自我、独立思考的投资人。我们把目光拉近，2020年A股市场上演了轰轰烈烈的核心资产行情，白马股、蓝筹股的上涨吸引着一波又一波的资金涌入市场，抱团投资核心资产。而中小市值公司无论公司基本面好坏，都遭到了市场的冷落，无人问津，"市值100亿元以下的公司以后将逐步退出市场"的言论不绝于耳。在这样的市场中坚持低估值价值投资策略，聚焦中小市值公司的基金公司显得特立独行。2021年春节假期结束，部分行业板块、个股的高估值难以为继，核心资产一时间哀鸿遍野，而很多中小市值标的公司的价值开始实现，随后坚持低估值价值投资策略的产品逆势上涨走出了一波独立行情。

"知行合一"是我们长期追求的境界，也是我们在投资和销售中对自己的一贯要求和遵循的准则。希望通过我们的努力，传递正确的投资理念、引导正确的投资行为，让更多的投资者在参与市场的过程中能够尽量避免投资中的误区，收获符合自身认知的投资收益，这也是我们坚定推广投资者服务和陪伴活动的初衷。在知行合一的价值投资道路上，我们不希望体验"众人皆醉，我独醒"的智力优越感，我们愿意努力收获更多的同行者，一路与价值同行，见证长期的力量。

3.8 当"价值投资"遇见"生活"

提到价值投资，不得不引申出一个有趣的话题，投资与生活的关系。短期来看，投资的出发点可能是解决财务问题，实现财富增值。长期来看，投资又是人生的修行，是不断自我学习进化，持续专注努力，进行自我反思与纠错的过程。投资是我们生活的一部分，投资创造财富，但并不一定创造幸福。

认识价值投资

资本市场是一个复杂的非稳态的混沌系统，具有周期性，而行业亦是如此。价值投资需要在别人贪婪时恐惧，在别人恐惧时贪婪。在价值投资中，最重要的是企业本身，市场不可能长期漠视一个企业的成功，也不可能长期漠视一个企业的失败。价值投资的安全边际不仅是风险控制的手段，也是回报的主要来源，而坚持安全边际需要的是自律、耐心和理性。

价值投资赋予生活，看似平淡，实为惊艳

价值投资就像是看似平淡无奇且简单的生活，不可能天天有惊喜，但简单生活也会成就价值世界。著名投资人李驰先生将价值投资比喻为"白开水"："平淡

无味的白开水之于生活在城市的人们，似乎可有可无，因为我们还有老火汤、运动饮料、醇酒、可乐等数之不清的各种诱惑。但对于深陷沙漠险境或绝地求生的人，一掬凉水，可能事关生死。"的确，如果消极地看待生活，就是简单的日复一日，但如果积极地看待生活，生活即使是简单的重复，但也充满色彩，在无数次重复和周期轮动中我们接触到了新的事物，看到了更多的色彩。

生活中的"惊艳"其实无处不在，只是我们渐渐忽视、淡忘了，如果我们更加细心，善于发现，就可以把本来单调普通的事情变得不一样。生活中平淡是常态，但是平淡和专注会让我们找到诗意的生活、继续前进的微光和不愿将就的勇气。在生活中，对于不懂或含糊不清的事情进行探索和求知本身便是"惊艳"的一种体现。投资也是如此，我们往往希望从市场的短期预判中得到准确的答案，但是很多时候我们很难对未来的市场做出明确的预测，市场的客观运行规律受到各个方面的影响，因此我们对市场需要有足够的敬畏。作为投资者的我们不妨做一些简单、可持续的事情，更多的时候回归"绝巧弃利""见素抱朴"，才能应对复杂多变的市场，最终获得可持续的超额收益。

平淡的生活，总需要心中一份真挚的热爱，才能找到一丝安慰和放松。最近看到一个特别受触动的故事：一个 90 岁老奶奶说最后悔的事，就是在 40 岁的时候想学钢琴，但觉得自己年纪太大没有学，不然现在已经学了 50 年了。种下一棵树，最好的时候是 10 年前，其次就是现在。不知道从何时开始尝试的话，不如就让生活给您一种强烈的正能量暗示，这种自我暗示能够使自己的专注力、反应能力和思辨能力迅速提升，某种意义上，它是认识和理解这个世界的一种感觉。最近接触了骑行这项运动，慢慢发现，只有走出去，才知道世界有多大，骑行在路上，而风景永远在心中，如果现在还有梦，那就带上灵魂一起出发……

专注努力，享受投资，投资是人生的修行

美国社会评论家门肯说："一个人对工资是否满意，取决于他是否比老婆的

妹妹的老公(连襟)挣得多。"人活于世,须知,山外有山,人外有人,真正的高贵不是优于别人,而是优于过去的自己。

但丁在《神曲·炼狱篇》第五章写下了引路人维吉尔的话:"您随我来,让人们去谈论吧。"但丁极力冲破中世纪神权的束缚,在他的书中竟然将教皇都打进了地狱,这是与那个时代背道而驰的,不被当时的人所理解与支持,即使如此,他也坚守自己的原则,被称为"文艺复兴三巨头"。正如价值投资,"人多的地方少去,被市场冷落的地方大有机会",人性趋利避害,都喜欢趋同和扎堆,但是市场追逐的热点往往都会被高估,隐含的预期回报往往会下降并带来更大的风险和挑战。投资需要坚持逆向投资,坚持不盲从的准则,做出与市场共识不同的选择与思考,寻找比市场共识更深的理解。

有些投资者赚不到钱,可能认为只是短期的运气差而已,面对貌似一样的股市长期过山车与短期过山车,事实是否真的一样呢?长期"过山车"是否什么都没留下,回到了最初的原点呢?长期过山车不一定会回到最初的原点,我们是否可理解为"中国行情"?换一个现在比较热的词汇就是"Long China",很多资深的价值投资者提到了的一个道理,每一家优秀企业的成功,当然离不开优秀的内部管理,但首先要有一个可以施行管理的生存环境。国家政治体制的稳定、经济的稳步发展、市场环境的公平有序,是一家企业良好运行的生存土壤。随着国民经济的健康发展,资本市场发展日趋成熟,即使在当下疫情干扰、国际政治局势风云变幻、全球化面临挑战的背景之下,看好中国肯定是正确的大方向,而如何去分享中国经济未来的确定性增长,则是全球每位投资者面临的挑战。既然我们可以如此坚定地看好"中国行情",为何不给价值投资多一点时间和空间呢?价值投资所关注的点并不是简单的低买高卖,而是同样的盈利或者现金流,可以用什么样的价格去买它,才能获得比较高的回报,相对而言更加注重性价比,是一种寻找交易价格低于其内在价值的选股策略。价值投资的对立面也并非一定是高估值或成长投资,成长投资也可以成为价值投资的一部分,价值投资的对立面是投机和零和博弈。

笔者结识价值投资后的不久(2020 年底),就迎来了价值投资的至暗时刻,逆势坚守真心不易，不抱团、不跟风，就是在极致地挑战人性，从过往看价值投资的确有过很多弱势的短期，但结果都迎来了理想的长期。每一次历经短期的"磨难"，长期来看大概率会得到满意的答案，切不要拿自己的人生去和他人做比较，要相信，时间大概率会治愈一切，放眼人生，就是潇洒走一回，如何走？走自己的路，寻找和自己志同道合的伙伴肩并肩，一起走！做一些对行业、对家人、对自己有意义的事情，钟情于自己欢喜的事业，同时又可以享受投资带来的回报，开心投资，快乐投资，此乃真谛！

价值投资，让投资更加平静，让生活更加充实！

做好资产配置，选好管理人，给它时间

经常听到有人说："这个基金前面涨得蛮好的，我就买了，结果才没几天就跌了那么多""这家基金公司太不好了，就是割我们韭菜啊，他们旱涝保收，基金经理根本不把我们投资者放在心里"……

每次听到这些话，笔者都感觉很沮丧。这类由于情绪导致直接地对管理人的负面解读，其实是因为不够了解，归根到底，是我们作为基金从业人员，在投资者服务、陪伴与引导方面的工作做得还不够的一个体现。这也激励着我们多做正确的事情，尽力分享好的榜样的同时，帮助投资者进一步了解基金行业、基金投资，提升认知，持续做好投资者引导这一最重要的工作。

人常常是在经验中学习、成长，笔者相信没有一个人能够说自己生下来就是股神、基神，优秀的投资者、基金经理甚至是基金公司也处在不断的进化过程中。笔者自己早前也被盲目投资伤害过，入行后随着时间阅历的增长、专业知识的积累以及认知的不断提升，也被投资收益惊艳过，慢慢就有了一些自己的体会，分享出来供大家参考，或许可以得到大家的共鸣。

盲目投资带来的伤害

在没有进入基金行业之前，那时年轻，看着行情好，就想着自己是不是也买点股票赚点钱，竟然还真的是买了就涨，短期斩获高收益。但是股市有风险，好像主力就盯着我那点钱似的，等着我开心地继续加仓完毕，没多久就碰上了大幅回撤，然后由于工作关系必须清仓销户，眼睁睁看着血亏 20% 以上。作为被收割的"韭菜"退出了股市，出来的钱继续进行金融投资，这次选择了公募基金。

也因为工作关系，日常工作中继续学习投资者引导的相关知识，对投资的理解越来越深刻，所以一直坚持了良好的投资理念。

最重要的事情值得说三遍，投资理念决定投资收益、投资理念决定投资收益、投资理念决定投资收益，我的理念就是：

选择值得信任的管理人、相信基金经理，用长期不用的钱去投资，特别是权益类基金，对于知行合一、投资逻辑没有发生变化的产品坚持持有，实在没有办法要用钱了再赎回，其他任何时候不要去动它，让专业的人做专业的事，收获时间红利而不是投机"负利"。

就是这样，持有两年多要用钱了，发现持有的产品竟然都是正收益，而且收益还不错，有一只基金甚至创造了超过 100% 的收益率，这真是笔者在投资之初没有想到的。

收获与建议

从一个普通投资者的感受来说，笔者的收获主要有三点：

第一，长期投资。买基金一定要先想好，自己追求的究竟是时间红利还是想要投机。如果想捞一把就走，那建议您可以再想想，因为大概率会让您失望的；如果偶然碰巧成功了，不好意思，那可能是更糟糕的预警，因为不知不觉中它会给您错误的信息，让您更重仓地买入去承受可能不曾预计的亏损。

第二，相信。相信自己选择的公司、基金经理，相信产品背后的投资逻辑，所以才去投资这只产品。市场产品极大丰富，一定不是每种产品都适合自己，当然，一定有因缘际会，但总之，一定是相信之后才去买。

第三，对风险的了解。收益与风险是成正比的，首先投资必然伴有风险，任何情况下都存在投资损失的风险。在此前提下，相比较其他金融投资，投资公募基金可能相对更安全。公募基金公司是证监会直接监管的资产管理机构，其操作都有法可依，管理的金融资产也处于强监管状态，有可能是所有资产管理机构中监管力度最强、风险防范要求最谨慎的行业。

引用一位朋友的话简单概括笔者的投资感悟："选好基金、坚持定投、躺着别动"。希望大家都能够"躺赢"。

此外，我想从一个业内人士的角度来分享几点。

第一，我们为什么建议大家多少都要配一点封闭产品？市场上常见的是封闭期三年甚至是五年的产品，就是希望大家能够相信长期、相信专业，最终收获时间红利。

第二，为什么有些公司申购费不打折？在我们看来，首先是对专业的付费，其实不贵，以偏股混合型基金指数为例，过去20年累计收益1170%，年化收益率18%（数据来源：Wind，统计区间：2002/1/1—2021/12/31）。咱们申购的手续费是销售机构很重要的一部分收入来源，假设通过专业的服务帮助咱们更完整的拿到优质资产的投资回报，申购一次1.5%左右的费用均摊年化也好，与我们获得的收益相比也好，就没那么贵了。其次这是一个积极的摩擦成本，有助于帮助我们管住耐不住寂寞的手，短期申赎一次费用2%，1年4次就是8%，有点肉疼了吧？但是说好的是长期投资，您放5年呢？10年呢？基本也可以忽略不计了。

第三，基金公司没有"躺赢"的概念，如果长期服务不好投资者，哪有投资者会将资金托付给基金公司？哪里可能会赢？同时，比如基金经理、研究员和销售服务人员，我们下班了他们可能还在出差；我们周末休息了，他们可能还在加班开会讨论、进行数据挖掘研究或者同客户交流；我们和家人朋友开心聚会的时候，他们可能还在为其他的投资者提供服务、进行路演；每当逢年过节阖家欢聚时，他们可能还在估算净值、计算份额、统计报表、上报数据。投资者收获的每一分收益中都有基金从业人员方方面面的努力和付出。

第四，建议定投。为什么呢？一次性买入不是很爽很省事吗？毕竟我们并不是为了买得爽才来参与的。定投可以在一开始植入长期的理念，有效帮助投资者拉长持仓时间，通过持仓时间拉长，继而可以提高收获时间红利的概率；同时，定投的安排在操作的一瞬间帮助我们摆脱了择时困境。

第五，做好资产配置。资产配置可以根据自身的投资需求、资金属性，在不同资产类别中进行，并使我们的资产更健康。需要强调的是，没有完美的资产，但会有相对完美的资产配置：资产配置是长期投资的源泉，只有做好资产配置，把适合的钱放在适合的产品中，才能拥有良好的投资心态并在波动的市场中坚持长期投资。

"知行合一"的资产管理机构其实不那么在意短期基金销售的规模大小，更加关注持有人的投资体验、投资收益水平。我们希望做好投资者引导，希望帮投资者梳理出适合配置公司产品的那部分钱，因为相信我们，所以能够和我们一起见证长期的力量。我们更加相信，通过服务好投资者、为投资者创造收益，投资者一定也能肯定、反哺我们，让公司有能力、有空间把产品做得更好。这才是一个我们希望看到的互利共赢的生态环境。

做好资产配置、选好管理人、给它时间，不浪费自己的风险承受能力，但也千万不能贸然地承担自己不了解的风险，用科学的投资理念指导我们长期赚到与所承担风险相对应的投资回报。

时间不一定是所有投资的朋友，但一定是价值投资的朋友

——一位行业新人的权益类基金投资摘记

各位读者朋友，见字如晤。本篇小文是笔者自 2017 年 10 月初入行业至今的投资摘记，虽时间尚短，受益于行业发展却也算精彩纷呈。笔者有幸在短短几年时间里见证了价值投资从备受瞩目到被质疑是否"已死"，权益类基金从无人问津到爆款频频，甚至是公募基金的成功出圈、成为网络热词，再到无人问津的轮回。其间的变化不可谓不大，更重要的是自己在这跌宕起伏的几年间不仅参与了基金投资，而且参与了投资者服务，两种角色交织下的心得体会之一是：公募基金投资门槛看似很低，人人都可参与，但能在投资中长期获得收益，让时间真正成为投资的朋友，并不像口号说得那么容易，选错了参与方式，时间也可能是投资的陌路。

第一笔基金投资，误入不少投资误区

回想自己的权益类基金投资初体验，在刚刚加入行业的时候，作为公募基金公司市场部的一员，领导鼓励我们至少小金额买点基金试试，只有自己体验，才能设身处地地了解客户在买基、持基过程中可能遭遇的挑战。坦白讲，自以为相对专业的笔者在基金投资最初的一两年里也是"填坑不断"，想来学费已交，好在积累了些许经验，若能帮身边人省点儿学费多好啊！何必人人经历周期，方知

价值投资值得珍惜？借着这篇小文和大家分享整个心路历程吧。

第一笔基金投资发生在 2017 年 10 月，彼时可谓价值投资"高光时刻"，优质的份额"一份难求"，想着钱不多自不必凑这个热闹，既然不和身边大多数人一起追最热门的，那买什么好呢？首先自然是看历史业绩，于是登录 Wind 拉业绩排名，但提醒自己不能简单看短期业绩，短期排名特别靠前的也许风险很大，谁知道还能涨多久，于是在短期业绩相对靠前的产品中结合最近一两年的业绩排名，选了七八只自己眼中的黑马选手；其次买得太集中风险也会很大，分散投资很重要，怎么实现呢？最简单直接的方式是看持仓，结合自己对于当时可能属于热门板块的判断，综合备选基金的重仓股就得到了自己初笔投资的 4 只产品，整个投资决策过程大概耗费了一个上午，心想如此认真地做了产品研究和"尽调"，买定离手，信心满满。

结果如何呢？开始的几个月市场先涨后跌，而笔者心仪的选手们似乎涨的时候没跟上，跌的时候没少跌，乘着市场上涨的趋势短暂体验了买基金账面赚钱的喜悦之后就开始浮亏。此时便开始犹豫要不要赎回，但在基金为什么涨为什么跌都不知道的前提下，卖不卖、卖后是涨是跌就成了一件纯粹拼运气的事儿。不知赎哪个，那不如再精选 1~2 只未来看起来更有潜力的产品，在浮亏时候加仓摊薄成本吧。自以为学会了巴菲特"别人恐惧时我贪婪"的逆向投资思维，但意外的是紧接着市场开始持续下跌，而亏损超 20% 的笔者已经没有勇气继续加仓。

面对手里持有的不如别家产品表现好的基金，又开始怀疑大概率是自己没选好，还是请教身边更专业的同事们推荐几只更靠谱的产品吧，于是期盼着期盼着，趁净值略有回升全部调仓到了同事们推荐的产品。然而 2018 年整年市场都延续了震荡下行的态势，同事们推荐的产品也未能幸免，大概到 2018 年下半年的时候已经不再查看自己的基金持仓了，心中默念还是坚定地做时间的朋友吧，给它时间一定能涨回来。然而事实是时间只是让笔者亏了更多，看起来时间好像并不是所有投资的朋友。直到 2018 年 12 月把持仓亏得不那么惨烈的产品都换掉了，不为更高收益，只图更加安心。

如今回看 2017—2018 年年底的投资，犯了很多基金投资中常见的误区，有经验的投资者朋友可能已经了解以下错误的投资行为，比如只看业绩不知逻辑、以为表面持仓分散就是实质分散、认为短期市场热点可以预判、简单认为长期投资就是目的、亏得多的产品拿着不动、亏得少的或浮盈的赶紧卖出、认为亏损多的产品给够时间一定会涨回来等。好在本金不多，交的学费不贵，随着近两年投资者服务工作中的点滴积累发觉线性外推短期业绩、追涨杀跌错失收益归根到底还是不够了解投资背后的逻辑。

越跌越买，这次有何不同

参与基金投资特别是权益类基金投资，最常遇到的问题就是该拿多久、什么时候赎回。因为赎回意味着兑现收益或产生实际的亏损，赎回动作发生的时点会直接影响我们的某一笔投资赚没赚到钱，赚多少钱。要回答上面的问题首先我们可能需要了解参与权益类基金投资，我们到底是在赚什么钱，是通过看似简单的低买高卖赚"别人口袋里的钱"、赚趋势的钱，还是以上市公司股权持有人的心态，关注公司自身的内在价值赚企业盈利增长与估值回归的钱？读到这里您可能觉得只要赚钱就行了，赚钱的原因没那么重要。

这在市场趋势性上涨且投资者在持基过程中不拿自己的产品和其他产品做比较的情况下似乎没有什么问题，而一旦两个条件中任意条件被打破，基金赚什么钱对于我们是否继续持有的决策就很关键。投资的现实情况是，权益类基金投资波动是常态，偏股混合型基金指数过去21年年化波动率高达24.15%，常见指数如沪深300指数、中证800指数、中证1000指数的年化波动水平也在25%~32%[1]，A股市场牛短熊长是投资者对市场的普遍认知。而结合往年基金发行数据我们发现，虽然我们期望的是精准地逃顶抄底，但事实上往往是在追涨杀跌，最重的"筹码"常常买在牛市顶部区间，而在投资潜在回报最好、性价比最高的

---

[1] 数据来源：Wind，统计区间：2001/09/30—2021/12/31

熊市底部区间权益类投资往往少有人问津。最后牛熊转换之后我们恍然发现"熊市不布局，牛市是用来亏钱的"，所以条件一"持续乘对趋势"对于大多数人来说极具挑战。

笔者的初期投资就在市场的阶段性高点上，所以持续亏钱，体验很不佳。幸运的是，笔者本着一名基金从业人员的责任、善意和简单相信的原则，认为要向其他人推介产品，那一定是自己也认可、也会买的好产品。相比大多普通投资者更幸运的是，我有更多的信息优势，有更了解投资逻辑的机会，而通过持续与投研团队的交流，帮助我对价值投资便宜买好货这个可持续、可事前解释收益来源的逻辑建立信任与信心。终于，在2018年年底的市场阶段底部重仓买入，2019年上半年产品超预期地涨势喜人，终于体验了一把买基金赚钱的喜悦。

然而"好景不长"，从2019年4月开始价值投资就迎来了"符合预期"的失效瞬间，价值领航净值也开始持续回撤、震荡，过程中为了更好地服务客户，市场团队与投研团队开展了多次交流，在确认投资逻辑未变，组合持仓基本面依然优质的情况下，突然发现对手里拿得挺重的产品反而很轻松从容，因为知道周期是确定的，均值一定会回归，价值一定会被发现，所以这次相信，给它时间，一定能够涨回来。不仅如此，自己甚至会越跌越买，同样的资金可以拿到更多优质的份额，为什么不呢？不同的是，大批持有人因为在三四月份高点申购，数月的浮亏之下草草赎回，这批客户看到产品在年初的连连上涨，简单认为上涨可持续，带着高预期买入后经历了"怎么我一买就跌啊""都快半年了还在亏""还是赎回吧，估计拿着会亏更多"的心路历程，根据持有人盈利分析数据，大批持有人选择在浮亏5%~10%的时候赎回。

两边对比之下，愈发觉得理解基金投资策略或者说因为了解而带来的信心优势竟然如此重要，然而对于大多数普通投资者来说可依赖的信息来源只有管理人及销售机构，售后的投资者陪伴与引导便成了客户资产合理保值增值链条里不可或缺的一环，因为帮助投资者了解投资背后的逻辑才可能引导投资者走出短期追涨杀跌的困局。

牛市终于来了，竟也没赚到钱，问题出在哪呢

　　然而对于低估值价值投资策略来说更大的挑战其实是在 2020 年，在公募基金的大年，在其他产品普遍涨 40% 甚至更多，而自己满仓的产品持续不涨甚至微跌的时候，在产品净值近两年持续震荡而期盼的均值回归迟迟不归的时候、在全市场都在问"价值投资是否已死"的时候，该不该坚定持有，是不是可以加仓，理解投资逻辑显得尤为重要，因为简单地从业绩比较上看，它们明显是直觉上不该继续拿着的产品，事实上很多投资者也是这么做的。正确与否往往是事后验证的，时至今日从结果上看正是因为当初的坚持，才能有今天翻倍甚至更高的收益，是运气还是逻辑使然？下次类似的挑战来临时还能否坦然面对？投资决策里事前的事实和逻辑可能是唯一评判的标准。也因为不了解就不敢参与的心理，在核心资产表现频频超预期的 2020 年笔者仍然选择满仓自己能理解逻辑的产品，很多同行在 2020 年交流时听说笔者的持基后言语之间甚至流露出同情，但赚到符合自己认知的合理收益会更有安全感。

　　当然笔者的案例很极致，其实比较心理在基金投资中并不鲜见，我们常常希望自己时时持有表现最好的那个产品，即使这几乎绝无可能，大多数时候击溃我们心理防线的是我们持有的产品没有别人持有的表现好。如果不理解我们拿的产品为什么阶段表现不如其他产品阶段表现好，其他产品为什么好，即使可以逆人性地在熊市底部布局，我们也很容易再次陷入产品间的追涨杀跌。比如我们回顾数据才惊讶地发现在偏股混合型基金平均收益率 55% 的 2020 年[①]，投资者的收益率水平并没有想象的那么好，某互联网头部平台数据显示 26.32% 的收益率水平就可以打败全国 99.55% 的财友。出乎意料，对吗？背后的原因很简单，对于不了解其投资逻辑的产品，大多数时候我们不敢在该产品投资预期收益率最高的

---

　　① 数据来源：Wind

时候重仓参与，往往是在看到不错的业绩时小比例金额尝试，赚到钱后追加更多资金，或者赎回盈利产品再追加资金以更重的仓位追进另外看起来能涨得更好的产品里，一路涨、一路追，我们更重的仓位落在更高的成本区间里。这种倒金字塔形的资金参与结构会造成两个直接的问题：首先我们资产整体的收益水平远比产品净值增长少；更重要的是不需要净值的大幅回撤就可能抹平我们的全部收益。而涨了还要拿多久？要不要止盈？何时止盈？跌了之后要不要持续拿着？给它多长时间？对这些问题的解答都需要我们了解投资背后的逻辑。对于不了解投资逻辑的产品，或者说追逐短期趋势的产品，时间未必是它的朋友，或者即使是，我们也未必能够坚定地、主动地给产品足够的时间。

因为相信，所以看见，时间是价值投资的朋友

那么时间为何是价值投资的朋友呢？价值投资者希望通过便宜买好货的投资逻辑在优质资产因为短期市场风格、行业周期、市场偏见等原因被低估的时候买入，通过均值回归的力量赚取企业盈利增长与估值回归的钱，这种看上去很保守、很慢的策略，因为控制住了向下的空间，又有可持续的未来增长，通过跌的时候少跌点儿，涨的时候跟得上，在牛熊转换后留下合理收益，在时间的加持下复利效应会使它成为"慢一点、比较快"的进攻性很强的策略。

诚然，很多人都说自己践行的是价值投资，我们如何区分？长期来看，价值投资与否，对于风险的理解可能是决定收益的最重要因素，因为低估值是表现形式，低风险是实质，而规避了价值陷阱与成长陷阱的低风险不仅仅可以获得低回撤，更是为了高隐含回报，两者相加可以让时间这一元素最大化地施展它对投资收益的魔力。因为跌 50% 需要涨一倍才能回到原点，控制回撤可以让我们更早地看到新高，而时刻保持低估值又为组合持续见到新高提供着空间和动能。这可能才是价值策略可持续、可复制、可事先解释的底层逻辑，才不仅仅可以让我们在涨的时候没跟上，跌的时候也没幸免的价值投资失效瞬间能拿得住，更重要的是恰恰相反，在"运气不好的时候"、在价值投资看似失效的时候其实也是隐含回报最好的时候，因为理解投资逻辑，敢于重仓参与，而可事先解释、可被理解的投资逻辑决定了价值投资策略本身具备"因为相信，所以看见"的重要前提。最

终通过可持续、可复制的赚钱逻辑，在周期轮转下持续积累合理收益，在时间的作用下，真正体现复利的魅力。

时间不一定是所有投资的朋友，但它一定是价值投资的朋友，更重要的是我们希望通过合理地参与市场，时间可以成为广大投资者理财投资的朋友。谨以此文致敬我们一起走过的困难岁月，未来挑战依旧，但好在我们一起见证着价值投资的生生不息。

保持笃定与安宁，时间会有答案

2021 年 6 月 18 日有同事在为公司伙伴们做分享时说道："价值投资也许不会让您的投资业绩表现最好，但会大大提高您的成功概率，它会让生命的氛围安宁！"听到这番话我特别有感触，深以为然！

从 1992 年入行至今近 30 年，经历了资本市场的跌宕起伏，正如我们常说的只有经历过、反思过才有切身体会，才会懂得。过去这几轮周期之下看到了太多赚过钱而最终没有赚到钱的例子，深知再专业的"选手"也不能预知未来，面对诸多的不确定性永远要对市场心存敬畏之心。事实上，赚到了认知之外的钱，其实大多是运气而非能力，而持续的幸运往往不可期。在我个人的认知范围里，拉长周期看，唯有价值投资才经得起时间的考验。

写这篇文章时入职公司虽仅半年多，伙伴们都说我特别快地被成功"洗脑"，让他们成就感满满。殊不知，作为近 30 年工龄的资产管理行业从业者，我见证了太多的奇迹时刻、惨烈时刻、幸运时刻。但是，如果相信常识、相信均值回归，您就会放下所有的侥幸和盲目自信，接受不确定性从而追求大概率正确，并享受它们带给您的这一份安宁，并终于知道这份安宁是多么弥足珍贵。因为时间不可重来，很多事情会在长期中一点点被验证，而知道自己缺少的只是时间之下的复利积累，或者自己等待的其实是不确定世界之下确定的常识回归，对于很多事儿我们就容易更加笃定，而焦虑、贪婪、恐惧等这些交织、萦绕在周边、影响我们判断并最终影响我们生活甚至生命质量的情绪也会消散很多，这其实才是最重要的。因为投资是为了更好的生活，无他。

就在写这篇文章的前一天，我见到了一个做私募的朋友，前段时间中概股大跌，让他经历了十多年来投资生涯最大的亏损，可谓"一夜回到解放前"，他开始对以前投资策略中的问题进行反思。现实就是这样残酷，有时候一些认知、成长需要从血的教训中取得。而价值投资帮助我最多的是时刻记得"只有不确定是确定的"，也因常常警醒如此，让我在生活与工作中虽然也会犯错，但不会错得太过，而及时的纠偏就如价值投资提倡的"一定会买错，买错就果断卖出"，帮助我拉长时间来看是走在螺旋上升的通道里而非随机漫步，辜负了时间。

如果说选择加入公司是因为对公司的理念和底层逻辑的认同，而入职后更是看到了伙伴们为传播、分享这份理念，在相关活动中的投入与付出。每一次分享的背后都是伙伴们对价值投资精益求精的理解、打磨和提炼。更是伙伴们总结了过往多年的投资者服务与引导经验、通过系列汇报，帮助合作伙伴与投资者解开"投资误区"的谜团，从而找到正确的参与投资的方式。诸如长期投资、资产配置、基金定投等理念和方法均有系统的阐述，他们更希望帮助投资者建立科学、合理、系统的投资认知。

他们深知当下的努力是为了能够给投资者实现对未来更好的交付，他们希望有一天您在看或听到他们的分享时，看到您眼里的光，看到您的会心一笑，每每收获的一份份懂得，将是对他们努力付出最大的欣喜和安慰，他们希望用价值投资理念启发和影响更多的人，最终帮助投资者赚到钱而非仅仅是赚过钱。

随着学习的深入，我发现自己原来还有很多的认知误区，比如经常带着疑惑问伙伴们为什么手续费全渠道不打折？为什么我们不多增加一些代销渠道以便利更多投资者？伙伴们告诉我："我们希望通过持续、深度的服务帮助合作伙伴更好地服务投资者理解逻辑、建立认知并最终赚到钱，那么就一定意味着我们的服务是有半径的，这与价值投资对能力边界的敬畏一致。而专业的投资者服务是有价值的。我们希望用专注的渠道服务策略，通过我们专业的服务与陪伴，反哺我们的合作渠道。与对价值投资有共识的合作伙伴共同成长，最终实现投资者、合作伙伴和我们都共赢的结果，而公司最终也能成为百年老店。"

　　每每听到这些解读，我都有一种身体淤堵的某个部位被瞬间疏通的酸爽欢喜之感。其实每个人都要承认自己的局限，也知道了为什么有时候感觉竭尽全力不能得到更好的结果，那一定是自己还有提升的部分。我们通过各种活动分享我们的专业观点、投资理念和投资方法，与我们在一起越久，理解越深，便更多了一份笃定、一份懂得和相信。

　　我们追求的目标从来不是业绩最好，我们希望投资者在长期投资中能有所收益。但是，我们所有的坚持都是基于对自己认知的一份相信，我们对价值投资理念"知行合一"更是这份相信的体现！价值投资就是我们心中的锚，无论遇到任何的波动都不会有过度的偏离。可能在现实中会遇到挫折，但也不妨碍我们依然坚持按照这种标准执行。我们的内心是安定且安宁的，可以让我们更笃定地做选择。

　　在日常的交流中我们常说希望帮助投资者践行"因为相信，所以看见"，因为相信投资逻辑，最终看见投资收益，而不是因为看见短期历史业绩，所以相信短期趋势可持续，从而陷入追涨杀跌损失收益，甚至杀跌出局。然而，这里我更想跟读者分享的是相信其实更是一种能力，相信不是盲目的，是源于了解和理解之后的选择！更是源于对自己认知的相信！这份相信的背后既有本以为初来乍到，却原是久别重逢的欣喜，也有痛定思痛的反思与感悟。更重要的是，相信是确定地面临着不确定性的挑战，却可以坚持下去的力量源泉。

　　投资是一辈子的事儿，我们会一起走很久！自认为不是一个感性的人，但每每听到这些话内心就会变得很柔软，就会被感动。庆幸有一群人借由价值投资的理念和坚持，寻到了路径和方法，在迷茫与困顿时相互促进、共同成长、相互成就，带着对未来美好的期许和内心坚定的信念朝着明确的方向前行！外界的顺逆不可控，但内心的安宁和笃定是我们最真实的依仗，剩下的都交给时间。

第四章

Chapter 4

"庚您同行"·感恩相伴：
投资是一辈子的事，我们要一起走很久

4.1 价值投资，从态度出发*

价值投资这个词范围太广，几乎所有人都说自己是围绕价值进行投资的。自己很幸运在 2008 年认知价值投资，作为一个阅读爱好者，随处可见的价值投资类书籍让我受益匪浅，时至今日亦是如此。

欧美投资大师用通俗易懂的逻辑以及自身客观成就，让价值投资风靡全球。当您读完经典之作，发现价值投资的原理和技术其实非常简单，简单到几句话就能概括，但现实生活中会发现没有长期对价值投资的理解，要做到知行合一很难。芒格说"40 岁之前没有真正的价值投资者"，我对此的理解是人生阅历和对投资的态度是不能简单复刻的，势必经历长期的历练才能成型。

我理解的价值投资是什么？价值投资与其说是一种投资思想，不如说是一种人生态度。茶无上品、适口为珍，表达了品茶人对茶的理解，使自己身心愉悦的"口粮"才为最佳伴侣。投资理念也如是，没有最好的只有最适合自己的。

学习三年，口出狂言；再学三年，不敢妄言；又学三年，沉默寡言；再过三年，无言即言，代表着学习不同阶段的领悟。在求学的过程中，读百本书、面千个人、行万里路，投资既然是行为，应该归类为实践课。如果上半场是阅读世界，到处寻师练武，学完十八般武艺的话，那么下半场应该是认清自己和缩小能力圈，做到术业有专攻。世界熵增，而人的精力有限，在此矛盾下，我们应该用有限的精力去不断增强对自己感兴趣的领域的理解。

---

* 本文内容仅代表作者个人观点，不代表其供职单位。

学习价值投资可以通过阅读，站在巨人的肩膀上去寻找自己想要的答案，可以迅速翻阅一本书就为解决一个问题，也可以读十遍不断巩固自己坚守的判断。自己比较幸运地遇到了一个亦师亦友的人，他把价值投资介绍给我，推荐书籍与我探讨。"台下十年功、台上十分钟"代表着从艺者的态度，在价值投资的世界里，需要我们永远保持一颗如同小学生般对知识渴求的童心，无论资本市场如何风云变幻，永远践行学无止境，并保持对市场的敬畏之心。

最近几年，公募管理规模高速增长，人们的理财意识逐渐提高，但是真正能坚守价值投资的人寥寥无几，巴菲特差不多每隔十年会被拎出来质疑一轮，最近的一次是 2019 年。资本市场充满各种诱惑，诱惑出于贪婪的天性，迅速成功是如此迷人，让人们不习惯于慢慢变富。资本市场又充满了各种恐吓，这源于避险天性，对事物的理解越不深，就越难克服恐惧心理。青蛙变王子、灰姑娘等瞬间变美好的故事仅仅存在于童话里，莫里斯定律说所谓历史就是懒惰、贪婪又充满恐惧的人类在寻求让生活更加容易、安全、有效的方式时创造的。人类因为天生自信才能走出非洲，结合那时候的物质条件，无法想象其中付出了多少生命的代价，走出来的其实是幸存者偏差中的幸存者。模糊的正确好于精确的错误，模糊的正确取决于对世界的认知，精确的错误往往源于过度自信。所以价值投资看似简单，其实很难。

在我心中，优秀的价值投资者一定是熟悉各行各业、了解古今中外，在不同维度上有较强的认知的人或团队，更可能或者应该是团队，唯有如此才能做好价值投资。坚守价值，同时了解世界的变化，巴菲特投资苹果公司就是一个很好的例子，自疫情发生以来，巴菲特靠着苹果公司的投资，已经赚了 400 多亿美元，大家都知道巴菲特一向对科技股敬而远之，在巴菲特眼中，苹果公司是一家消费品公司，凭借强大的生态系统，有着超乎寻常的顾客黏性。巴菲特的经济护城河概念也体现于此，企业持续的竞争优势能够有效抵御竞争对手的攻击，就像护城河保护城堡一样。

在具体实践的过程中，大家会对价值投资形成各式各样的理解，2021 年我听到一个有意思的话题是"估值容忍度"，对于价值投资者最看重的就是估值和成长(企业未来带来的现金流)，估值是当下的，成长是未来的。活在当下，未来仅仅是可期，所以安全边际最重要，在我看来估值容忍度是个伪命题，就好比素食主义者说自己可以吃一点点肉。当您对价值投资有一定理解的时候，接下来就是巩固和检验自己的理解，格雷厄姆的务实、巴菲特的幽默、芒格的睿智，他们用自己擅长的方式表达了对价值投资的理解。很难说我们耳熟能详的价值投资者们是不是也属于幸存者偏差中的幸存者，但我们可以用物理、数学等科学去理解价值投资的原理，让价值投资理念变成一种可解释的规则。

价值投资和自然界的万事万物一样，80%的时间等待、20%的时间收获。纵观历史，在长周期视角下价值投资持续有效；审视当下，市场先生依然狂躁不安；展望未来，我也不会杞人忧天去担心星际迷航时代价值投资是否依然存在，对待市场波动如同享受春华秋实即可。

价值投资者一代又一代地接力传递着，价值投资理念通俗易懂，又能在生活中进行实践。一杯茶有苦涩香甜，实践价值投资的过程中有时会碰到孤独、逆向和反人性，找到怀有共同理念的好友，在最显眼的地方存放自己喜爱的书，用历史数据支持自己的观点，随着时间的发酵，潜移默化地转为自己的兴趣甚至人生态度。

不同的投资理念可能代表着不同的人生态度。但大多数人对投资的理解都需要岁月的加持，在还没明确自己的人生信条前，通过资产配置让自己的投资更从容，可能是为我们寻找自己的人生态度提供时间和空间的源泉。投资更像是一场长期的修行，杨绛先生说：我们曾经如此渴望命运的波澜，到最后才发现人生最曼妙的风景，竟是内心的淡定和从容。价值投资，让我的生活更安宁。

（作者：施磊）

专业的事情交给专业的人和组织更靠谱 *

　　受益于近年来的结构性牛市，偏股型公募基金的整体业绩好于主要指数，基金的赚钱效应显著；同时，随着基金行业在投资者教育方面的不断深入，"炒股不如买基金"的认识在个人投资者中逐渐获得认可。

　　伴随着行业中的爆款基金频现，一个基金行业"老生常谈"的问题又开始成为市场热议的焦点，即"为什么基金赚钱但基民不赚钱"。一旦挑错了基金，个人投资者往往比买错了股票更伤心，因为他们倾向于认为买股票是一项冒险投机，而买基金是一项理财投资。客观来说，目前 A 股的上市公司数量 4000 多家，但市场上的公募基金数量已经超过 9000 只，其中股票型基金和混合型基金的数量超过 5000 只，同时每年仍新发行几百只基金。而且基金产品本身又是组合投资，投资标的涵盖股票、债券等多种资产，因此仅仅从基金产品选择这个层面来说，基金投资就是一项复杂且专业的事。

　　面对纷繁复杂的基金，普通投资者应该如何选择？大多数时候投资者需要依赖市场化的财富管理机构进行专业的推介，财富管理机构在选择基金产品时，资产管理机构也是非常重要的考量因素之一。所谓资产管理机构，是指更靠近资产、进行买卖股票和债券决策的机构，例如我们常见的保险资产管理公司、公募基金公司等。就权益类投资而言，资产管理机构从 4000 多只股票中挑选几十到上百只标的构建成一揽子组合，而挑选的依据除了市场交易价格外，更多是基于

---

　　* 本文内容仅代表作者个人观点，不代表其供职单位。

上市企业基本面及其变化而做出的反应。因此，构建一个科学有效的投资管理体系、充分发挥专业的价值，才能让资产管理机构更好地接受资产委托，实现受人之托、忠人之事的使命。客户资产流转示意见图4.1。

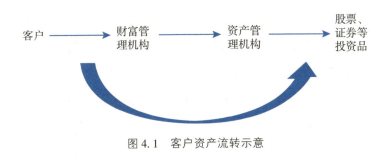

图4.1 客户资产流转示意

我们认为，体系化投资管理的终极目标是以投资研究团队为主体、以投资策略为核心、以科学的投资研究流程为途径并最终以产品和业绩为载体，来实现客户的真实投资目标。如果以现代化运营的工厂做类比，体系化投资管理包含投资策略、投资流程、投研资源、投研工具、投研人员、产品和投研管理等多个方面，类似于现代化工厂中的设计理念、工艺、原材料、机器设备、专业人才、流水线生产的产品和品质控制管理等(见表4.1)。

表4.1　　　　　　　**体系化投资管理与现代化工厂类比**

体系化投资管理	现代化工厂
投资策略	设计理念、核心配方
投资流程	工艺、步骤
投研资源	原材料
投研工具	机器设备、软件系统
投研人员	不同工种的优秀专业人才，分工合作、默契配合
产品	流水线生产、定制化组装的产品
投研管理	文化、激励与约束、品质控制、知识沉淀、技术的进化升级

投资策略好比工厂化产品的设计理念及核心配方，决定了产品的大方向，也是一只产品的立足之本；一个机构可以有多种投资策略，也可以只有单一投资策略，这完全取决于机构的资源禀赋，并且非常考验机构在市场环境变化之中的进化能力。

投资流程好比把投资策略落地所需要的具体工艺、步骤，具体到权益类投资中就是股票初选、个股研究、组合构建、风险控制、业绩归因等全套工序，这其中的每一道工序都应尽可能做到科学、客观。

投研资源好比工厂化产品所需的原材料，其中最重要的是资产管理机构的内部研究能力，同时也包括外部研究支持，例如卖方研究等。内部研究能力会通过研究员和投资经理的能力体现，自我驱动下的努力和不断积累、反思、进化的知识体系和实战经验是基金投研一线人士能力提升的必要条件。

投研工具好比现代化工厂的硬件设备和软件系统，包括各类投研资讯终端、交易系统、数据库、量化分析软件、定制化的投研平台等系统工具，以提供流程化、高效化、共享化、可视化、智能化的投研支持。

投研人员好比不同工种的优秀人才，在整个流程中进行分工合作；同时根据客户的不同投资目标，把投研团队生产的 α 组合成不同的产品。

而整个投研管理好比工厂的管理体系，既包括文化、激励约束等与人相关的方面，也包括品质控制、合规控制等质控、风控机制，还包括知识积累、新人培训等梯队培养机制，以及对持续的技术升级、创新的推动和组织。

值得一提的是，体系化投资管理绝不意味着削弱人才的重要性，相反，构建体系化管理的目的是使优秀人才在合理的机制下发挥出更大的才能。体系化投资并不是"无人工厂"或低技术含量的"流水线工厂"，它并不意味着优秀人才的投研洞察力就不再重要，而是说优秀人才可以通过更加系统化的方式来获取和应用他们的投研洞察力，同时也意味着资管机构可以更加高效地把优秀投研人员的 α 结合起来、组织起来，转换为产品业绩的 α，避免 α 的损耗，并进一步地形成 $1+1>2$ 的效果。因此，体系和人员是一种共生的关系，绝不是有了一方就不需要另一方的关系。

落脚到产品层面，给客户匹配到合适的产品也非常重要。在这一方面，行业内财富管理机构在进行着不懈的努力，目前国内仍然处于起步阶段的基金投顾业务也试图解决这一问题。未来，基金投资有望由目前的"炒股不如买基金"向"自己选基金不如让专业机构配基金"转变，真正实现个人的"轻松理财"。

金融行业常常被外界认为是"高大上"的行业，但从业人员也常常自嘲为"金融民工"。金融本身是一个复杂的领域，外界看来的"高大上"更多是由于这是一个有很高进入门槛、极度市场化同时也意味着竞争十分激烈的行业，而"民工"的自嘲来源于智力密集甚至对体力也极具挑战的工作属性。"高大上"也好、"民工"也好，身在其间唯一感受到的是"拼命"。

投研工作除了不断地自我驱动和进化，强大的内心抗压能力和一点点好运也必不可少。不论投资结果如何，我们都会坚守初心——既然选择了受人之托，就尽可能不要辜负客户的每一分钱，因为那些都是沉甸甸的信任！

（作者：Quentin）

基金投资的"道"与"术"*

与购买一般商品的逻辑相同，当客户决定是否购买基金(这里专指偏股型基金，下同)时，其实怎么买是最后才需要考虑的，在这之前我们需要先考虑两个前提：应不应该买，能不能买；最后，再考虑怎么买。

而作为为客户提供专业陪伴与引导服务的财富管理人员，要协助客户做好基金配置，自然也需要对症下药，一步步解决问题。

正如前文所说，三个问题不是并列关系，而是有层次的递进逻辑：前两个问题处于战略层面，我们愿意称之为"道"，"应不应该买"解决资产认知的问题，"能不能买"解决能力问题；"怎么买"处于战术层面，我们愿意称之为"术"，解决具体方法的问题。

基金投资之"道"

1. 应不应该买

这个问题的答案是肯定的，不仅应该买，而且随着理财产品打破刚兑、"房住不炒"等政策的出台，基金资产越来越有配置的必要。

买基金最终买的是什么？其实是国运，是国家的经济发展。股神巴菲特就曾

---

　* 本文内容仅代表作者个人观点，不代表其供职单位。

经多次表示：从他的角度而言，出生在美国，就相当于中了一张"卵巢彩票"。从空间维度（地理、人口）上看，美国是一个世界级大国，市场容量巨大，规模效应显著，这个市场中孕育出的龙头企业常常是一个大行业的世界霸主，如苹果、微软、亚马逊、谷歌等，如果不是在美国股市这样的"深海"里，是不可能养出巴菲特这样的"大鱼"的。从时间维度上看，巴菲特出生于1929年的经济"大萧条"后，那时的美国是世界舞台的一个后来者，但在随后的100年间迅速崛起，逐步占据了世界舞台的中心。没有人的成功能够脱离时代，巴菲特的成功其实是美国成功的一个间接体现。

所以在回答"应不应该买"这个问题之前，请先问问自己："您相信国运吗?"这是一个看似空洞实则核心的问题，正如股神巴菲特如果不是带着"笃信美国国运"的思想钢印，就不可能在每次金融危机、股市暴跌时都坚决践行"别人恐惧时我贪婪的"人生格言。笃信中国国运，同样是我们参与中国资本市场时在思想层面的"定海神针"。

改革开放以来中国的成就举世瞩目，21世纪以来中国的崛起速度更令全世界刮目相看，中国股市作为全部上市公司的集合体，在某种程度上就代表着中国最先进的生产力、最优质的资产，理应享受时代发展带来的红利。伴随人口红利的减退，利率下行逐渐成为拉动经济发展的必要手段，也是全球主要经济体的共同选择；资管新规落地，打破刚性兑付，限制期限错配；"房住不炒"的政策常态化实施。种种迹象都表明居民大类资产转移已经并将持续进行，储蓄存款、理财信托、地产行业的存量资金都可能成为资本市场源源不断的增量资金。

在服务客户的过程中笔者也常听到客户说："我不贪图股市的高收益，只想保本安全。"然而，很残酷的现实是，"保本"并不等于"安全"，通货膨胀这个"强盗"一直在持续侵蚀着我们的财富。回溯2005—2021年的数据，这16年间中国M2（广义货币供应量）的年均增速为14.21%，如果我们每年的财富增速没有达到这个比例，那么我们在整个社会中的财富地位就在被动下移。而回顾这16年，各类主流投资品类中，只有偏股混合型基金每年的平均收益率能够超过这一数值。

"逆水行舟，不进则退"，在时代洪流之中，可能有些人还没意识到，参不参与资本市场、做不做基金投资一直都不是"赚不赚钱"的问题，而是"变不变穷"的问题。

2. 能不能买

这个问题的答案则因人而异，需要具体问题具体分析。

虽然我们已经知道，如果我们想分享中国经济发展带来的长期红利，如果我们不希望自己在社会中的财富地位下移，基金不仅是应该买的，而且是一定要买的，这解决了资产认知问题。但能不能买却是一个能力问题，即这笔钱"是否可以用作长线投资"的能力问题。

在开始投资之前，需要判断钱的性质是长钱还是短钱，如果是 1~3 年之内就要用的"短钱"，不建议做权益类基金投资；如果是长期不用的"长钱"，就可以放心将优质权益类基金作为底仓长线持有。这里我们需要理解长期投资权益类产品的意义，以及购买基金与购买理财之间的区别。这里有一个形象的类比：

从长期来看，权益类产品就像汽车，固定收益理财就像自行车。

股市的下跌就好比北京三环堵车，您想从三元桥到静安庄，距离 2 站地（可投资时间很短），如果打车，可能就会堵车，所以骑自行车最快。但如果您要从三元桥到航天桥，距离 20 站地（可投资时间很长），一般情况下就算堵车也比骑自行车快。所以如果距离远，即使有堵车的风险（短期回调），还是应该打车。

所以，在判断我们能不能买基金之前要先明确我们是要到 2 站地铁之外的静安庄（相对稳健的短期投资），还是要到 20 站外的航天桥（具有一定风险但收益率高的长期投资）。

基金投资之"术"

当我们明确了"应该且必须买基金"的大方向，同时我们手上的"长钱"也允许我们买基金时，接下来才轮到具体方法的问题。

在回答"怎么买"这个问题时，想起了查理·芒格的经典名言："如果我知道我将来会死在哪个地方，那么我就永远不去那里了。"有时候得到正确答案的简便方法是用"排除法"，避免最有可能的几个错误答案(不去那里)即可，尤其是像"怎么买"这种没有标准答案的主观题，规避一些投资常见误区也许是接近成功的最好方法。

(1)关注基金的长期业绩，避免"以短看长"；

(2)理性看待市场短期波动，避免"追涨杀跌"。

当然，还有两点需要特别注意：其一，上述方法都基于所选择的基金本身质地良好，建仓时可以首先参考第一点建议，考察基金中长期的相对超额业绩，在长期持有的过程中也要定期进行基金健诊，对于质地不好的基金要果断调仓，而不能过于教条化的"一条道走到黑"。其二，上面的建议都基于投资者对市场一定程度的认知，对于初学者或者投资心态过于浮躁的投资者可以退而选择定投策略，通过最简单的纪律投资，也在一定程度上避免了"追涨杀跌"。通过定投，经历几轮完整的市场周期，感受基金盈利的原理，对价格和价值的关系就会有更加清晰的认知，也会收获更加平和的心态，接下来就可以安心转换更加考验投资者对所投资产品认知的投资方式，在做好资产配置的情况下，选择理解投资逻辑及风格的产品做好权益类资产内部的配置，在优质产品的陪伴下见证长期的力量。

《道德经》有云："有道无术，术尚可求也；有术无道，止于术。"从事财富管理的道路上，基金销售难免遇到瓶颈期，笔者最初往往习惯于从投资方法上找问题，追求"术"的精进，但随着时间的推移、经验的积累，理念也在逐渐发生进化，更多将关注点放在投资理念的搭建上，着力解决"道"的问题。基金投资也遵循万物法则："道"是方向，"术"是方法；"道"是法则，"术"是谋略。小成靠"术"，大成依"道"，"以道御术"或许方可得最优解。

(作者：王昕)

投资和工作都是为了更好地生活*

工作是为了更好地生活，虽然常常忙碌，但随着银行卡上积累的金额慢慢增长，家人能过上更好的生活，我们也能获得很多快乐和满足感。可是在慢慢积累财富的同时，有一个"小偷"正悄悄侵蚀着我们辛苦累积的财富，它就是"通货膨胀"。

广义货币供应量 M2，是一个货币供应量的指标，反映了现实和潜在的购买力，相比其他货币供应量指标而言，更能体现社会总需求的变化和未来通货膨胀的压力变化。简单地说，如果我们的资产增速没有跟上国内 M2 增速的话，我们其实就是相对变穷的。Wind 的数据统计显示，从 2001—2021 年国内 M2 累计增长 14 倍，年化复合增长率为 14.52%，2016 年至今从同比 10%~15% 逐渐回落并稳定在 8% 的水平，想要战胜这样的增速，纯靠理财产品几乎是不可能的。

资产配置——多种工具协作

那么我们就只能束手无策了吗？面对可能的财富贬值，我们可以主动出击利用多种投资产品间不同的风险收益特征帮助财富保值、升值。但在选择产品时就会发现，市场上很难找到完美的资产——投资中有一个不可能三角，指同一资产

---

* 本文内容仅代表作者个人观点，不代表其供职单位。

在安全性、流动性和收益率这 3 个属性中，最多能满足其中 2 项，很难 3 个同时满足。

比如最常见的银行短期理财产品，所需投资期限相对短、风险相对低，但是收益率通常不高，目前 2%~4% 较为常见。基金这类资产我们以偏股混合型基金为例，过去 17 年（2005/1/1—2021/12/31）的平均年化收益率超过 15%，相对其他类资产收益率颇高。但在其他 2 个属性上，如果希望安全性相对高一些，那么就要放弃流动性，通过长期持有来提高获取正收益的概率；而如果希望随时赎回，那么偏股混合型基金由于产品自身属性波动相对较大，短期获得正收益的概率并不高。再比如另一类资产：保险，通常安全性会较好，但相对应的产品持有周期较长，同时仅计算投资收益率的话，通常较低。

诺贝尔经济学奖得主马科维兹说过，"资产配置是市场上唯一免费的午餐"。虽然没有完美打败投资不可能三角的产品，但资产配置可以帮我们根据实际情况构建适合我们每个人的、相对完美的资产配置组合。资产配置顾名思义，就是把多种投资产品组合起来配置，每类资产具有不同的风险收益特征，搭配在一起分散风险、满足不同的流动性需求，并通过结合不同资产之间弱相关的风险收益属性，帮助组合在未来实现一个相对可期的收益率目标，最终让我们整体的资产组合平滑增长到未来。

资产配置协助投资组合平滑波动

当不同资产之间的相关度越低时，资产配置的分散效果越好。相关度是指两个资产在某个区间内涨跌的相似性，如果二者同涨同跌，表示它们高度相关；二者涨跌越不同步，相关性越低。历史数据显示，我国债市和股市的相关程度较低且联系不是特别紧密，如图 4.2 所示，将它们组合后，能够实现相对好的分散效果。

假设我们对典型的股类、债类资产进行配置见表 4.2。举个例子，组合 A

年收益率	2005年	2006年	2007年	2008年	2009年	2010年	2011年	2012年	2013年
沪深300	−7.7%	121.0%	161.5%	−65.9%	96.7%	−12.5%	−25.0%	7.6%	−7.6%
中证全债	11.8%	2.8%	−2.4%	15.9%	−1.4%	3.1%	5.9%	3.5%	−1.1%
年收益率	2014年	2015年	2016年	2017年	2018年	2019年	2020年	2021年	总收益率
沪深300	51.7%	5.6%	−11.3%	21.8%	−25.3%	36.1%	27.2%	−5.2%	394.0%
中证全债	10.8%	8.7%	2.0%	−0.3%	8.8%	5.0%	3.1%	−5.7%	118.5%

图 4.2 债市与股市的相关性

中，70%配置股票型资产(以沪深 300 指数为例)、30%配置债券类资产(以中证全债为例)，组合 B 中 50%配股 50%配债，两个组合波动率较单纯投资沪深 300指数要小，收益率反而更高了。资产配置就是这样利用不同资产之间低相关或者负相关的关系，平滑波动并提高了投资组合整体风险收益比，而拉长周期来看，控制回撤对于提升投资回报率非常重要。

表 4.2   资产配置组合收益

年收益率	2005 年	2006 年	2007 年	2008 年	2009 年	2010 年	2011 年	2012 年	2013 年
中证全债	11.8%	2.8%	−2.4%	15.9%	−1.4%	3.1%	5.9%	3.5%	−1.1%
30%股 70%债	5.9%	38.3%	46.8%	−8.7%	28.0%	−1.6%	−3.4%	4.7%	−3.1%

续表

年收益率	2005 年	2006 年	2007 年	2008 年	2009 年	2010 年	2011 年	2012 年	2013 年
50%股 50%债	1.9%	61.9%	79.6%	−25.1%	47.7%	−4.7%	−9.6%	5.6%	−4.4%
70%股 30%债	−2.1%	85.5%	112.4%	−41.4%	67.3%	−7.8%	−15.7%	6.4%	−5.7%
沪深 300	−8.0%	121.0%	161.6%	−66.0%	96.7%	−12.5%	−25.0%	7.6%	−7.7%

年收益率	2014 年	2015 年	2016 年	2017 年	2018 年	2019 年	2020 年	2021 年	总收益率
中证全债	10.8%	8.7%	2.0%	−0.3%	8.9%	5.0%	3.0%	5.65%	118.48%
30%股 70%债	23.1%	7.8%	−2.0%	6.3%	−1.4%	14.3%	10.3%	2.39%	327.39%
50%股 50%债	31.3%	7.2%	−4.7%	10.8%	−8.2%	20.6%	15.1%	0.22%	441.76%
70%股 30%债	39.4%	6.5%	−7.3%	15.2%	−15.0%	26.8%	20.0%	−1.94%	493.23%
沪深 300	51.7%	5.6%	−11.3%	21.8%	−25.3%	36.1%	27.2%	−5.20%	394.04%

资产配置模型

在财富管理领域有较多成熟的资产配置模型和方式，比如大家耳熟能详的标准普尔家庭资产象限图。按照该模型，资产配置的第一步就是留好现金类资产，应对短期需求。一般留总资产 10%左右的比例在现金类资产上。这部分配置够用就好，常见的活期存款、货币基金都是比较好的选择，它们的流动性好但相对收益会低一些。第二步是配置保障类资产，这类资产重在解决突发风险，比如意外事件、医疗健康等。家庭中任何一个成员发生这类风险都会是财富的巨大消耗，可以用保险去适度规避，建议配置比例在 20%左右。第三步是配置权益类和固定收益类资产。这些资金是中长期配置，协助我们保值、增值、抗通胀，一般配置比例比较高，在 70%左右。其中，再根据每个家庭或每个人的风险承受能力的不同，调整权益类和固定收益类资产的比例。固定收益类资产，适合 1~3 年的资金，固定收益类资产波动性相对权益类更加稳定，收益相对现金类、保障类会高一些，其中理财产品、债券型基金都是不错的选择。权益类资产如偏股型基金，波动高、预期收益高，需要更长期不用钱，建议持有至少3~5年。具体权益类与固定收益类资产的配置比例分布需要结果个人或家庭的风险承受能力、资金计划投资的期限、预期的目标收益率等情况确定，风险承受能力比较高、资金期限较久且对目标收益率要求较高的投资者可以多配置一些权益类资产，资金期限有限且对波动较为敏感的投资者可以多配置一些固定收益类资产，同时需要相应降低对于投资收益的预期。

每个人都有不同的资产配置组合

关于资产配置，有两个问题的存在使组合没办法做到标准化，不同的投资者最终的方案区别会很大。第一，由于不同投资者的资产情况、风险偏好、预期目标都是不一致的，不同的大类资产的配置比例也是有区别的，比如资产100万元的投资者和资产1000万元的投资者，配置各类资产的比例大概率是不一样的，因为资产情况往往也会影响投资者的风险偏好、预期目标。第二，在产品选择上，不同的投资者对各类投资产品的认识和理解是不一样的。极端的例子如，一个有极致偏好的股票交易者或者是房产投资者，他们可能会觉得股票资产或者房产就能满足所有的财富管理目标。而这一类的投资者在现实中占比很低，对于绝大多数的个人投资者来说，都需要根据自己的实际情况去选择不同的金融产品和工具，从而构建一个适合自己的资产配置组合。而资产配置最终的目标是满足个人或家庭的投资需求，需求的不同决定了资产配置因人而异，同时需要专业人士的指导，也需要多种优质的可投资产品的供应商（或代理商），而这两方面的需求都可以通过一家值得信赖的财富管理机构满足。

投资理财的最终目的，其实和工作一样，都是为了更好地生活。我们常比较关注工作上短期财富积累，如工资、奖金上的积累。但较少关注到这些辛苦积累的财富的长期保值增值，如果不好好打理，长期来看就是在放任资产贬值。投资理财能够帮助这些资产长期健康增长，资产配置在其中能够帮助投资组合平滑、稳健增长并过渡到未来。对于咱们普通个人投资者而言，不一定非要学习各种复杂的资产配置模型才能做好配置，如果能够积极了解自身的投资风险偏好，意识到资产配置的重要性，把长钱、短钱配到合适的资产里，就能够极大地提升投资的幸福度，让我们更安心地过好自己的生活。

（作者：财疏学谦）

我眼中的基金投教*
——一名基金从业人员的独白

2007 年，我进入基金行业，成为一名基金运营人。

那一年，A 股市场迎来一波牛市，上证指数从年初的 2600 多点雄赳赳气昂昂地站上了 6124 点。

那一年，我就职的那家基金公司旗下规模最大的权益类公募基金在 10 月中旬实施了基金拆分，所有运营小伙伴加班加点通宵达旦地进行系统测试，那段经历也让我入行的第一年过得特别充实。

那一年，同行们对发行了一只千亿规模基金最终启动"末日比例配售"的基金公司羡慕不已，基金运营的小伙伴们直呼"原来在测试中才能发生的案例在生产中落地了，公司规模提升，再苦再累也值得"。

那一年，首批 4 只 QDII 基金浩浩荡荡地"出海"，一经发售便迅速售罄，作为一名从业新兵和投资小白的我，凭着一腔热血也杀进了"红海"。

那一年，证监会下发了《关于证券投资基金行业开展投资者引导活动的通知》和《基金投资者引导手册》，要求行业大力推进投资者引导工作。

一边是基民高涨的投资热情、疯狂的购买行为、基金规模的迅速扩张，一边是监管部门强调行业要提高风险防范意识、提升风险控制能力、加强投资者引导和基金持有人利益的保障。当时的我，只看到前者，没关注到后者，在完全不清楚 QDII 基金运作机制和投资风险的情况下"赶了时髦"参与了"比例配售"，结果

---

* 本文内容仅代表作者个人观点，不代表其供职单位。

是经过漫长的十余年才勉强回本。当时的我，也完全没预料到自己亲手实施基金拆分的那只产品在接下去一年多时间里单位净值一路断崖式下跌，当年许多在拆分前冲着"净值归一"入场的投资者上门投诉，我们渠道销售和客户服务部门的同事经历了非常艰难痛苦的岁月。当时的我，加班回家路上，告诉出租车司机我是干"基金运营"的，对方会以为是"生产鸡精"的，我只能苦笑不语。

2017 年，是我入行的第十个年头，这一年，公募基金行业大事不断：传统封闭式基金、分级基金和保本基金退出历史舞台，大量沪深港基金伴随着沪深港通应运而生，FOF 基金开启行业新时代元年。

这一年，《证券期货投资者适当性管理办法》正式施行。我带领的运营团队协助市场部的同事梳理需要投资者提供的资料信息，配合产品部的同事建立公司基金产品的风险评级体系，帮助客服部的同事解答投资者填制风险承受能力水平测试问卷时的疑问。作为基金管理人，我们是在履行勤勉尽责的信义义务；作为一名业务人员，我们是在执行"了解您的客户"（KYC, know your client）的工作流程；作为一项社会责任，我们是在帮助投资者更清晰地认识自我，了解基金投资及可能的投资风险，把"合适的产品"提供给"适合它的您"。那时的我就在想，假如十年前，有人能提醒到我的认知水平、投资经历和风险承受能力与那只QDII 基金差距甚远，我就不会那么盲目跟风。作为一名普通投资者，我们确实需要被引导。投资者购买基金份额，本质上是购买基金管理人的服务，投资者分类和适当性管理的制度实质上是在缓解投资者在知识和信息上的劣势，所以，请您仔细阅读基金交易表单上的关键信息，请您认真听完我们销售同事的各种风险提示，我们所做的是在保护您的合法权益，让您"了解您自己"（KYS, know yourself），让您充分了解自己的需求，便于作为专业基金管理人的我们来更好地满足您的投资需求，尽最大努力去帮助您实现投资目标。

这一年，《公开募集开放式证券投资基金流动性风险管理规定》终于落地。2015 年 6—8 月的股灾让几乎所有的市场参与者刻骨铭心，当时的千股跌停也让几乎所有运营人终生难忘，每家基金公司的运营团队都深度参与估值委员会，讨论每一只股票的公允价值，测算潜在的估值调整对每一只产品净值的影响，评估估值调整后对当日赎回和剩余基金份额持有人的公平性。监管部门正式复盘了2015 年股市异常波动以来历次行业风险事件的经验教训，以加强公募基金流动性风险管控为核心，对开放式基金的监管规则进行了全面的梳理。每次行业大事件的发生、创新产品的出现、新政策的出台运营人都不会缺席，新规发布后，我们运营团队的业务骨干每天大会小会不断，配合投资部、风控部的同事评估每只产品的流动性风险压力，协助产品部、合规部的同事修改每只产品法律文件中流动性风险管理的相关条款，联合信息科技部的同事进行了大量系统测试和技术准备。

流动性风险作为开放式基金的固有风险，在 2008 年金融危机和 2015 年股灾的极端情况下会急剧增加，市场波动影响了投资者的情绪，投资者的情绪加剧不理智的申赎行为，被放大的交易行为最终又会对市场造成极大的影响，作为每天第一时间获取每只产品申赎数据的部门，运营部的小伙伴充分见证了极端市场下人性的疯狂。但投资是逆人性的，作为一名普通投资者，我们确实需要学习如何控制自己的情绪，管住自己的手，避免追涨杀跌、频繁交易、快进快出之类的非理性投资行为。所以，在市场狂热时我们需要专业人士来提示风险，在市场低迷时投资者情绪也需要被安抚，最贴心的投资者教育更是投资者引导与陪伴。

这一年，基金业协会一篇名为《基金运营人的"日常"与"非常"》的文章让运营同业们激动不已，我们日复一日如齿轮般环环相扣的后台清算工作第一次被比较完整地呈现在大众眼前。在此之前，即便是基金从业人员，对后台的工作内容、运营的工作状态也很少全面了解。我就曾经被同事不止一次问过"为什么我们产品的净值要到晚上八九点才出来而不是三点收盘就出来"，也难怪司机小哥会把"基金运营"当成了"生产鸡精"。客服部的同事反馈经常会有投资者致电质疑我们基金产品运营的安全性，我多想亲自向对方解释公募产品的份额登记、资金清算、估值核算全流程是在一个高度规范的体系内完成的闭环，多想告诉投资者公募基金业是以严格有效的监管、健全的治理结构、独立的第三方托管机制、透明的信披规则为基石发展至今的。作为一名普通投资者，我们确实需要不断提高对基金产品、基金运作和基金运营的认知。基金投教工作就好比基金业的"长征"，是宣言书、宣传队、播种机，我们许下"投资者利益高于一切"的誓言，向投资者宣传理性投资、长期投资、价值投资的理念，播下"善"的种子，希望同行们一起用心呵护它、浇灌它、滋养它，期待它有一天长成参天大树。

所以，请珍惜每次了解基金产品投资逻辑的机会，它可能是一次线下路演、一次网络直播、一封公众号里写给投资者的信、一次理财经理面对面的服务，通过深入了解投资的底层逻辑，帮助投资者拿得安心这是更深入的投资者引导，因为只有拿得安心才能相对完整地赚到市场和专业资产管理机构长期为投资者提供的收益。

信任是资管行业的安身立命之本，建立信任的核心是资管机构保持与投资者利益的一致性，以投资者利益优先为初心的投资者引导能帮助投资者厘清自己的投资需求，树立正确的投资观，推动基金管理人向投资者提供适当的投资工具、基金产品和金融服务，让投资者更有信心将自己的血汗钱、养老钱委托给基金公司管理，从而实现长期的共赢。

如今的我，入行15年，仍然从事着基金运营工作。我很荣幸，现在能和一群志同道合的伙伴一起做有意义的事，能把自己过往的经历、吸取的教训分享给新人，让大家少走弯路，能运用我的专业知识和工作经验帮助我们从事一线基金投教工作的同事更好地引导、陪伴和服务基金份额持有人。我们并不能把每个投资者都培养成"基金经理"、投资高手、理财达人，也无法保证提供让每个投资者都稳赚不赔甚至净值线性增长的基金产品，但我们会对所有投资者保持最大的真实和诚恳，帮助基金份额持有人在科学和理性的前提下，优化个人的资产配置，获得更长期的投资收益。

（作者：Joyce Ou）

4.6 价值投资知易行难，基金投教任重道远[*]

我从事基金销售相关工作已超过了 13 个年头，任职过 3 家不同机构直接面对客户的岗位和优选管理人与产品并组织销售的岗位。一路走来，经历了不同代销机构的发展壮大，见证了基金管理行业的发展，在慨叹行业蓬勃发展之余，也为一路上错过行业发展 β 收益的客户叹惋。感谢亦合作伙伴亦好友的约稿，让我有机会在回顾个人职业经历的基础上，重新审视基金到底给客户带来了什么，也可以对原本细碎的体会、感悟进行梳理归纳。

初入行业的时候，面对大量纷繁的行业信息，曾经也不知所措，有太多的基金管理人、基金经理、渠道销售人员进行不同的推介。不同的人都在努力讲着自己的故事和逻辑，当时资历尚浅的我无从判断。短期的热点行业、"性感"的投资逻辑、新颖的估值方法、先进的量化工具都成为吸引一线销售人员注意力的利器。那时工作的方向更多的是依靠总行、分行的专业指导，按照总行、分行的要求向客户推荐产品。随着对于产品了解的逐渐深入和对于基金管理人投资风格和理念的深入了解，慢慢地我开始尝试在总分行要求的基础上加入一定的主观判断，来向客户推荐产品。过程中虽有挫折，但是总体上客户的收益情况有了进一步提升，伴随着对基金认知的提升，我自己的业绩越来越好，同时我对于推荐的基金也越来越有信心。

后来工作岗位发生了变化，从直接在一线面对客户变动到了优选管理人与产

　＊　本文内容仅代表作者个人观点，不代表其供职单位。

品并组织销售的岗位，工作性质的变化进一步要求我对于基金管理人和基金产品有更深入的研究。同时，我也有了更多的机会直接接触基金公司的渠道销售人员和基金经理。在大量的调研和走访的基础上，我对于基金管理人的认知和基金经理投资逻辑的理解越发清晰，这对优选基金和组织销售的工作大有裨益。

回顾我的职业生涯时，发现一直以来保持合作并且能够长期为客户提供正收益的公司，大多是那些真正坚持做价值投资的基金管理人。行业里一直有一句话：一年赚三倍的人大有人在，但三年赚一倍的寥寥无几。为什么会出现这样看似蹊跷的事？原因就在于管理人和基金经理是不是有可以长期坚持的体系化的投资策略和方法，管理人和基金经理是否能够在市场躁动的时候耐得住寂寞不跟风，坚持自己的投资策略。多年来的经验让我明白，价值投资是这个市场上最善于长跑的投资风格。价值投资的根基在于对于所投资公司基本面的研究，公司质地的优劣直接决定着长期是否可以为投资者提供回报。优秀的管理层、良好的护城河、健康的财务状况、合理的估值才能在长期战胜概念的炒作、噱头的营销。但是价值投资又是一项很难坚持的投资方法，因为这个市场上总有抓人眼球的概念和层出不穷的热点。长期承受来自销售机构和客户的质疑甚至批评，几乎成了一位坚持价值投资逻辑的基金经理的必修课。常常顶风冒雨的逆行，一定没有顺水推舟来得轻松，所以这个市场上坚持价值投资逻辑的管理人和基金经理都值得尊敬。

随着行业的不断发展，把好产品销售给客户，让客户赚钱已经不再是我工作的全部，如何更好地服务和陪伴投资者在我工作中的重要性日渐提升。一方面，随着管理人的增多以及基金种类和风格的不断丰富，帮助客户准确地在售前了解有意向购买的基金(包含投资逻辑、隐含波动、风格特点等)，让客户真正购买到适合自己的基金对提升客户满意度更重要。另一方面，基金不是一般商品，一般商品有其实用价值，后期的维护只是一小部分，在交易结束的一刻，整个销售和服务的动作基本上就结束了。但基金完全不同，客户购买基金的目的是希望通过付出时间成本并承担风险，来达成资产保值增值的目的，这就要求代销渠道和管理人一同在售前、售中和售后提供持续的客户服务。甚至售后投资者服务工作的重要性要远大于销售动作本身。

在投资者服务工作的实践中，其实并不是一帆风顺的。随着服务工作的逐步深入和客户基金基础知识的逐步积累，销售机构的销售队伍在基金专业知识储备、服务客户手段的多样性、深入服务客户所需的精力方面都遇到了挑战，这个时候我们急需基金管理人的支持。我们也看到一部分基金管理人在行业发展的过程中不断地对自己提出更高的要求，在提升团队专业素质的同时，也不断提升自有的客户服务能力，逐步形成了线上线下、文字、音频、视频、课程、陪访等一套完整的、立体的、体系化的投资者服务体系。这些基金管理人的投研、销售团队以最大的善意和极大的热情在一线与客户接触，直接服务客户，尽力提升客户对于基金投资的认知，尽可能地帮助投资者把管理人为他们创造的账面收益变成到账的真实收益；让客户赚的钱真正来自自己的认知提升，让客户的持有和收益以了解、认知、实践为基础，让客户赚钱赚得明白。例如，一家后起之秀的基金公司，这家公司不是行业中人力、物力资源最雄厚的公司，也不是历史底蕴最丰厚的公司，但从2018年成立以来一直知行合一地践行低估值价值投资策略。同时以最大的克制、不追求短期业绩和规模增长，扎扎实实地做投资者服务工作，真正把投资者的利益放在第一位。其完善的价值投资万里行活动不仅让客户受益，也让我们代销渠道一线的同事在客户服务上更有体系。

纵使有了销售机构和基金管理人的共同努力，面对海量的客户及其差异巨大的服务需求，投资者服务工作还有很长的路要走。我们最不希望看到的情形就是在我们系统服务客户之前，客户由于错误的参与方式先受到了市场的"教育"，帮客户赚到钱是我们全力以赴的方向。

希望越来越多的基金管理人能加入价值投资和投资者服务的队伍中来，希望等我从业20年时再回顾，基金行业更繁荣、更健康，投资者更理性、更睿智。愿以吾辈之奋进，谱行业之华章！

（作者：闵元明）

拿住，别瞎折腾*

有一天快下班时，接到一家基金公司渠道销售朋友的电话，邀请我们的一位客户参加基金产品成立三周年庆的互动活动。这位客户从首发时就持有两只坚持低估值价值投资策略的基金，至今已经快三年了。下班的路上，我在工作 App 中查询了这位客户的账户，她近三年来在这两只基金上获得的回报分别是约111. 15%和126. 68%。

2021 年常有客户和我交流："年初的时候一激动重仓了 2020 年度的数位明星基金经理，刚开始出现净值回撤时还能坚持定投，投着投着，心态崩了，于是停了"；"有一些被市场极度追捧的'傲娇基'们，定投了一年也没赚钱，就没继续投了"。还有一些更心急的："某某基金经理今年表现太差了，我已经赎回去投了那个谁谁谁了"等诸如此类。

那么，什么样的基金投资方法更合理、更适合投资者去实践呢？这里引用我一个同事在《基金投资的七个不要》主题直播中的内容，希望我们的客户在实践中避免这些不合理的理念或行为：

(1)有不切实际的投资目标：盼望基金净值年年涨、月月涨、天天涨。甚至像看股票行情一样关注基金的实时预估值。其实预估值的参考意义并不大，为什么？预估值更多参考基金定期报告中披露的持仓信息，而基金组合是动态调整的，离基金定期报告发布日越远，预估值失真的可能性也越大。更重要的是基金

---

* 本文内容仅代表作者个人观点，不代表其供职单位。

投资本身是一种委托管理关系，既然选择信任基金经理及背后投研团队的管理能力，过度地关注自身无法影响的净值波动可能只会徒增自身焦虑，或者被动地增加频繁择时错失收益的可能性。

（2）倒金字塔加仓，我也把这称为"定投"幻觉——非常典型的案例就是很多追逐热点基金的基民，在 2020 年持续上涨的行情中不断买，每次买的金额不断增加，甚至在 2021 年年初极度火热的市场环境催化下重仓买入，看起来似乎是在定投。而春节后净值出现回撤，没多久就把"定投"停了，然后抱怨基金不靠谱。其实这属于"定投幻觉"，是倒金字塔加仓，也就是追高。

（3）过分追逐爆款/热门基金——回顾去年发行的一些热门主题基金，不知投资者们有没有在起起落落中踩对节奏，抑或是熬过了相关行业的盘整，体会了一把"横盘有多长竖起来就有多高的畅爽"。而那些无人问津已久的周期行情，有没有让您惊愕不已，暗自思忖"这些不都是夕阳产业、落后产能吗？难道只有新能源和芯片才是未来"？

（4）只关注收益率——想想 2021 年年初，您有没有去追过那些重仓某个热门行业而收益颇丰的基金呢？有没有将收益率从高到低排序，满仓短期排名前列的基金？如果有，目前的投资结果大概率不甚理想，那么浮亏之后对于投资决策的重新审视对未来避免类似的场景再发生便非常关键，对于短期浮亏简单"割肉"和"躺平"可能都不是值得参考的解决方案。

（5）短视性损失规避——如果您也认同定投是普通人投资基金的最佳方式，那么在做好资产配置的情况下，精选超额收益可持续的产品、选好定投频次与金额后就坚持下去吧。暂时有点浮亏情况下审视一下您选的定投品种，如果产品没有发生"质变"，那么不妨淡化对短期的关注，拉长周期回顾投资收益。比如设有封闭期模式的基金虽然封闭期间也有波动但由于机制的保护，客户整体的收益水平往往是高于开放式产品的。

（6）轻视波动——我常常提示客户说不要轻易满仓权益类资产，客户"满仓杀入"权益类资产的时候往往只看到了短期亮眼的收益表现，而忘记了权益类产品的高波动性，而被轻视的波动性让我们的投资产生浮亏后很容易把投资心态打崩，导致低位割肉，高位追回，左右挨耳光。

(7)将不合适的钱配置到不合适的资产——随时要用的钱更适合货币基金等现金管理工具；一年内可能要用的钱，比如准备买房的钱，更匹配比较稳定的固定收益类资产；三五年或者更长时间都不用的钱，放平心态，选择靠谱的权益类基金，用正确的参与方式，长期持有。

最后说回那位客户，她为什么能在文章开头说到的两只基金上收获颇丰，因为这位客户买在股票资产估值低位的时候，这种时候(低点布局)往往是很多普通投资者避而远之的时刻，也是基金比较难卖的时候。然而，从过往经验来看，"难卖好做"是基金行业的共识。回顾这两只基金的发行时点，特别是其中一只成立于2018年12月，当时上证指数处于2600点附近低位，市场情绪低迷。

而在买入之后，这只基金所坚持的低估值价值投资策略面临长达两年的"失效瞬间"，绝对收益不差但相对收益很不好，在种种背景下，这位客户仍然坚定地长期持有，除了相信这家公司和基金经理的专业外，就是做到了上述"七个不要"中的几条。

三年等待，拿住了，没折腾，相信选择的逻辑，因为价值回归可能迟到但一定不会缺席。我相信有了这样一段美好的投资回忆，她也会在以后的投资理财中更加从容淡定。

(作者：王越昊)

4.8 如何让我的基金投资收益翻倍*

　　转眼进入财富管理行业已经五年了，在这个行业摸爬滚打，从刚开始的青涩惶恐，生疏稚嫩，到如今逐渐积累起了自己对于这个行业的认知，开始有了一套自己的投资体系，也慢慢用耐心和陪伴找到了那些愿意信任我的客户们。今天也想写一写五年以来我对权益类基金的投资感悟，包括在这个市场中，我们如何才能让自己的基金投资实现两倍、三倍甚至十倍的收益。

　　想要赚到如此好的收益，最关键的是什么呢？大家会不会想，我要挑到一只足够好的基金，这样它才能给我赚到更多的钱；或者是需要有足够好的市场环境。但事实并非如此。我给太多的客户推荐过不少实践证明的好基金，而这些基金也都是我自己在买的，长期业绩好，基金经理风格也稳定。然而，我发现并不是每个客户都能赚钱。同样的时间买入，有人能在这只好基金里赚到翻倍收益，而有人可能赚到10%就选择赎回，更有甚者亏损着就赎回了，然后说这个基金经理管理能力不行。同样的基金，同样的基金经理，同样的买入时点，完全不同的结果。所以，个人认为其中最关键的因素可能并不是基金管理人的能力，可能也不是市场因素，而是持有人的投资认知和投资行为。

　　所以结合以上，基金投资的第一步，是要了解这类资产，它"长什么样子"，并且接受它的"长相"特点。而我们客户经理，其实日复一日地就是在做这些事情，帮助我们的新客户了解什么是基金，为什么要投资基金，同时陪着我们的老

　　＊ 本文内容仅代表作者个人观点，不代表其供职单位。

客户持有基金，在产品上涨或下跌的时候做好客户的心理按摩。那么，基金这类资产它到底"长什么样子"呢？我们简单地拿权益类基金举例。首先从历史数据来看，权益类基金这类资产的长期收益曲线大概率是比较漂亮的，有数据显示偏股混合型基金近十年的涨幅实际上比上海的二手房价更高。但与此同时，这种长期走势一定不是直线向上的，它其实是波动上行的。在这种情况下，很多人就会认为，我们可以从这种波动中赚到远远超出别人的收益，但往往结局却事与愿违。所以我们会发现，大家买基金的时候，总会遇到一个问题：我的基金涨了／跌了，要不要赎回？

这个时候，会发现我们已经迈出了基金投资的第二步，也是极为重要的一步，如何操作？如何操作才能让我们在基金投资特别是权益类基金投资中赚到更多的收益呢？其实记住一句话就好：投资是逆人性的。我记忆最深刻的就是2018年，也是我从业以来基金最难卖的时段。那年我给大部分客户推荐基金都是需要花费比以往翻倍的时间。为什么2018年这么难？因为那年是熊市，受到去杠杆和贸易摩擦等多重影响，上证综指一度下跌至2440点，创造了2015年以来的市场最低点，市场人心惶惶。在推荐权益类基金的时候甚至常常会有人问我，这个市场还会好吗？然后市场如何发展呢？熬过了2018年的熊市，挨过了基金发行的冰点期以后，到了2019年我发现，有太多的客户从2018年的布局中受益。这是我短暂从业生涯中的经历，而时间拉长，其实数据也告诉我们，每当市场震荡甚至单边下跌到隐含回报更高的时候，往往也是基金发行冰点的时候，但在这个时段买入，往往会获取相对更好的收益。所以，投资真的是逆人性的。看到过巴菲特的一句话：别人恐惧的时候我贪婪，别人贪婪的时候我恐惧。这是我在从业生涯中常常会不断提醒客户的。那么，只要逆人性投资就够了吗？当然不是。在基金投资中，还有非常重要的一点是减少交易次数。回过头来看上一段提出的问题，我的基金涨了／跌了，要不要赎回？其实这个问题背后的核心，就是要不要做择时操作？那么择时能给我们带来什么呢？某大型三方基金销售平台的数据显示，如果选取2021年1月作为买入的时间点，在投资期限同样只有1~2个月的情况下，交易频繁的投资者平均收益率是1%，而交易不频繁的收益率是5%，如果投资期限有 14~15 个月，交易频繁的投资者平均收益率是 8%，交易不频繁的平均收益率是 21%。所以在基金投资中，尽量减少您的交易次数，也是基金赚钱的重要因素之一。背后的原因其实很简单，大部分人是低点不敢买，高点大举追，过程频繁跑，因为这样的操作可能是当时最"舒服"的一种操作方式，也是最符合人性的，但它无法让我们赚到钱，甚至还会让我们损失惨重。

最后，我们再来看看基金的品质。首先，即使我们买到的是一只平均水平的基金，获得的也是基金投资的平均收益，而这种平均收益是多少呢，根据 Wind 的数据，截至 2021 年 12 月 31 日，从 2012 年以来，任一时点买入偏股混合型基金并持有满三年的平均收益是 50.65%。在不考虑买入成本的情况下，买入偏股型基金持有时间越长获得正收益的概率越高，且期间收益率水平也大大提高。

那么，如何买到高于平均水平的产品呢？如何在市场上的 9175 只公募基金中挑到品质相对好的呢？其实对于大部分投资者而言，这项工程过于繁杂，要关注的指标太多，各种定量指标也就罢了，还需要关注到很多定性指标，比如基金经理、基金公司够不够靠谱，投资风格是否漂移，而这些对于个人投资者是不太容易实时关注到的，因为需要花费大量精力。在这个时间，如何做出事半功倍的选择呢？找到值得信任的财富管理机构，通过沟通让他们了解到您的风险承受能力、资产情况、预期收益水平和可投资期限，他们会帮您去找到这个市场中更适合自己的产品、靠谱的基金经理和可靠的基金公司，并通过他们的专业知识来实现对基金品质的判断。

以上是一个财富管理行业从业五年的客户经理的一些感悟，作为客户经理，我们最大的愿景就是陪着客户一起赚钱，一起慢慢变富，而投资是一辈子的事，在这个过程中，成长的不仅仅是客户，还有我们自己。期待在投资者陪伴与引导的路上，我们一起续写更多故事。

（作者：詹仙丽）

4.9 您的投资需要专业陪伴*

到 2021 年，我进入财富管理行业已经三年了，经验不算丰富，但越来越感受到自己作为一名财富顾问所做的这份工作的价值，也积累了一些自己的感悟。

回顾 2019 年，我还是一个刚入行没多久的新人，在总部的培训课程中有很多内容是在培养我们对市场和产品的认知，而在日常工作中，在每一只产品销售前，总部和营业部都会安排一轮轮学习和演练，这些会让我不断地了解产品策略和管理人的投资风格，并基于这种了解，把这些好产品推荐给适合的客户。我清楚地记得有位客户蒋先生，他投资的股票被 ST，亏损严重，我第一次帮他配置基金时推荐的是一家专注于低估值价值投资策略的公司的产品，完成配置后他想撤单，原因是查了资料，发现这是一家新公司，规模也不大。很多时候大家自然会觉得规模小的公司就不行，新的基金公司就很差，但实际上不是这样，这家公司有着经验丰富的基金经理，还有着非常优秀的投研团队和清晰不漂移的投资策略，这才是我们在规模背后更应该关注的。

完成了第一步的产品学习和推荐，我们的工作就结束了吗？也许有人觉得销售就是我们工作的重心，但实际上完全不是。客户下单购买仅仅是服务的开始，在持有期间，客户服务从不能间断。在日常的投资者服务工作中，我们不断鼓励大家正视波动，长期持有，静待花开，在市场波动大的时候也会做及时提醒并提供应对策略（比如手动去加仓）。

＊ 本文内容仅代表作者个人观点，不代表其供职单位。

印象最深的是 2020 年过完春节，新冠肺炎疫情来袭，外围市场普跌，开盘前一天管理人紧急召开策略会议告知短期逻辑和应对建议。对行情下跌有了预期后，我做了件很引以为豪的事儿，告知所有基金客户开盘可能下跌，并一再强调不要在大跌时卖出，虽然那时都是盈利的。疫情之下，没有一只基金幸免于下跌，此时我化身"按摩大师"，一遍遍抚慰着客户恐慌的心灵，并将自己的持仓截图晒出，传递"我与您同在"的感同身受，但自己身心都是兵荒马乱后的荒芜疲惫。由于疫情原因，我们居家办公，工作强度比平时加倍，业绩考核叠加账户收益滑铁卢以及客户的负面情绪倾泻，也想就此打住，撂挑子不干。但我收到客户温暖的问候及真诚的感谢后，瞬间满血复活，觉得一切都值得！

在当今时代，我们习惯了快餐文化、复制粘贴，但我总觉得细节和陪伴才是我们工作的重心，我以真心待客户，总会收获客户的真心：每位配置基金的客户，在告诉我他/她完成购买的那一刻，我都会发一条类似"恭喜买入，感谢信任，鼓励长期持有"的微信，同时也希望通过这种点点滴滴的陪伴，能够让客户在这个跌宕起伏的市场中更安心、更有安全感。

这种陪伴式的服务，也许才是我们的客户迫切需要的。作为一线人员，我们的角色之一其实是投资者和基金公司之间的桥梁，我们可以接触到很多基金公司，可以对公司、投资策略和产品进行更深入的了解和研究，而我们的工作就是把这些了解和研究传递给客户，最终达到管理人和投资者共赢。遗憾的是，历史数据显示：基金赚钱，基民并不赚钱。业绩是果，人才是因，这其中最大的原因就是基民拿不住。如何破解这个困局是所有资本市场参与者的责任，首当其冲的是直接与客户面对面的一线人员。借此也分享下我自己陪伴客户的心得。

我对客户的一个服务宗旨是"买得放心，持有安心，赚得开心"。这也对应了投资者投资的三个环节"投前，持有，卖出"。投前"推荐适合客户的基金"，与客户最重要的一通电话就是投前的了解和沟通(know your client，KYC)，我制定了一份可量化的表格来了解客户收益目标、风险承受能力、投资期限、可投金额并告知基金波动等。以此为基础推荐真正适合客户的基金，我是特别不建议客户用短期资金以投机的方式购买基金(从开始就约定至少一年不用的资金才可以去买基金）。这也是为什么我服务的客户从2018年到现在，卖出基金不赚钱的只有3位，一位持平的客户是因为儿子买房子急用钱，在2020年春节后因疫情大跌那天卖出，一位卖出亏损的客户是2020年7月买入，短期看不到收益就卖出，还有一位是买的一只一年期基金，因一年到期还未开始盈利被"割肉"。

春天您尽管去播种，秋天就会给您答案。我始终认为结果是过程的水到渠成，做对的事情很重要，客户配置基金后客户经理的服务与陪伴很大程度上决定了客户的盈利概率。我一直践行的"投教式陪伴"一再强调承受波动是必需的，应长期持有并做好不同风格基金的资产配置。同时，如果市场有波动、净值有回撤我会及时与客户沟通并给出专业的建议或对策，2020年下半年开始推荐客户去定投基金，虽然一部分人没有执行，但通过这涓涓细流般的服务提高了客户的黏性。

到底什么时候该卖出是困惑很多投资者的问题，也是我们一线人员不得不面对的难题，止盈了又涨和持有回撤一样让人煎熬。我的做法是止盈大概有三种情况（达到目标，基金投资方向发生变化，大盘发生系统性风险）。此外，我会对客户持有的基金做阶段性的总结和分析，尤其是对有浮亏的基金做详细分析。总之，不管哪个阶段，同样作为投资者的我会换位思考：我想拥有怎样的服务，我就提供同类服务给我的客户。站在客户的角度想问题，让客户没有角度，只能躺赢。

您的投资需要专业的陪伴，因为怎样挑出好的产品，怎样更加了解您买入的产品，怎样在产品有波动时能够涨了坐得住，跌了睡得着，这些可能是我们持续专注的。而作为一位财富管理行业从业者，我希望我的客户在我的陪伴下能够越来越安心，而在这种陪伴中，购买产品仅仅是服务的开始。在产品净值屡创新高时，为客户送上一声恭喜，同时做一次服务，为资产配置和下一次的成交做好信任加分。在产品净值出现回调时，我会及时出现做好陪伴和安抚，缓解大家的负面情绪，让他们熟悉正常的短期波动，了解到波动不代表亏损，并且在好产品便宜的时候可以勇敢加仓，给未来的盈利攒下更多的份额。

好的基金和陪伴是我们俘获客户芳心的"捷径"，前文提到的那位客户蒋先生，因为在那只低估值价值投资策略产品上受益，介绍了好几位同事让我配置基金。也因为好基金的缘故，我的投资者服务工作才有的放矢，得到了客户的认可，虽然 2021 年总体行情震荡，但我的管户数量相较于 2020 年大幅增加，稳居营业部第一。也时常有客户一有闲置资金就拍拍我"豆豆，买啥？基金我不懂，就信您，您告诉我买哪只就行了"。每每这时，我心里由衷感叹，这也许就是从业的高光时刻吧！

（作者：郭小兰）

4.10 浅谈与低估值价值投资相伴的日子*

应伙伴的盛情邀请，很激动也很荣幸写下这篇文章。时光荏苒，从一开始参与组织销售低估值价值投资策略的第一只产品并与低估值价值投资策略相识以来，已将近三年的时间。一路走来，从只听闻明星基金经理的光环，到熟悉低估值价值投资策略的理念，再到深切感受陪伴式的服务，直到所孜孜追求的投资者引导——价值投资万里行活动的开展，以及每一位来自这家公司渠道服务伙伴身上透露出的自信和洋溢的热情，都不断地让我感受到这家公司的不一样，而这个不一样不是为了不一样而不一样，它是一种渗透血液的文化，是一种对于资产管理运作规律有着深刻认知后的内敛。今天就我对价值投资的一些浅薄理解和与这家公司相伴的历程，做个简短的分享，同样也为我们能寻找、选择到这样一位值得信赖、有担当、可以共同成长的合作伙伴，感到幸运。

首先，从一名普通投资者的视角谈谈对于价值投资的理解。在我看来，价值投资对投资人而言不仅仅是需要遵从的法则，更应该是对于投资基本面的一种正确的视角。简单来说，价值投资是一种投资的"清醒"，既不因短期诱惑而追涨杀跌，也不会在巅峰时慕名而来、在低谷时转身离去，所以它必然是依靠长期主义来实现的。而长期主义也并不是零和博弈，它是一种信念，是从金融市场中无数的混沌因子中寻找长期看好的领域，判断的纬度离不开底层逻辑的准确。市场上也不乏打着价值投资的幌子行投机之实的案例。真正的价值投资，一方面，是

＊ 本文内容仅代表作者个人观点，不代表其供职单位。

所投资的企业真正创造了价值；另一方面，必须是在不违背国民生计，有益于社会稳定和繁荣的前提下去做最优选择并获取善意投资所得到的复利回报。可能只有坚持这两个准则，价值投资才能真正地长期生效。

其次，作为多年从事财富管理的金融从业者，我们在过往进行投资者教育引导时，常常会说到两个关键词，一是时间的玫瑰，二是长长的雪坡。其实都是同一个意思，只有坚持长期拥抱真正创造价值的企业，时间才会更大概率地给予投资人源源不断且可观的回馈。在认识低估值价值投资策略之前，我对价值投资的理解是：企业短期的利润和现金流固然重要，但要挖掘真正好的企业，更应聚焦于在对企业、行业和宏观环境进行深度研究后对其未来营运模式正确的坚信和笃定，从而拥抱持续创造价值的企业，坚持追求长期结构性投资机会。投资这件事，绝非眼前的苟且，而是真正能享有美好的诗和远方。

在了解低估值价值投资策略之后，我对于原来一直坚持的价值投资认识好像又更进了一步。投资中买好的很重要，但买得好同样不可或缺。在基本面不变的情况下，任何资产买便宜的比买贵的预期回报都会更高，风险相对也会更小；反之亦然，即便是再优质的公司，估值高位时买入，预期收益会显著降低，风险也会相应抬升。

基于这样的理解，我也在过去三年中不仅让客户进行购买，自己也在跟投低估值价值投资策略的产品。坦诚地讲，低估值价值投资策略在 2019—2020 年的表现并不是那么突出，甚至也遭受到了客户的担心与质疑。我个人印象最深的时候发生在这家公司第二只产品成立之初，正逢遇到市场整体波动加剧的阶段，基金净值在成立不久后跌破 1 元，在这个阶段，部分客户选择了非理性的杀跌赎回行为。而近乎同样的情况出现在 2020 年下半年，一直延续至 2021 年 1 月，因流动性宽松等因素所推动的大盘成长风格行情的极致演绎，低估值价值投资策略面临了不短的"黑暗"时刻，我亲身经历和目睹一线同事在销售低估值价值投资策略产品与维护客户的过程中遭遇了不少的挑战。但难能可贵的是，基金经理的投资风格并没有因此而漂移，让我深深感受到，在此时的坚持，一定是基于对其价值投资逻辑的深刻理解与不断进化。并且渠道服务的小伙伴每次来到支行，传递给我们的都是发自内心地对于价值投资理念的认可和信心，并引导一线同事相信均值回归的力量。所以在2021年1月选择了"因为相信，所以看见"。我推荐客户进行差异化风格的布局与配置，并见证与收获了历经市场"风雨侵袭"后的切实回报。

回顾与这家公司相识、相伴和相知的这段时光，其实是一段与价值投资结缘的美好旅程，时间带给了我们应有的馈赠，就如文初所言，随着相处时间的渐长，越发发现这家公司的不同，这份不同体现在方方面面：（1）纯粹，只有一个策略，即低估值价值投资，并且能长期的知行合一，风格不漂移；（2）极简，发行产品定位清晰简单、产品风格不简单重复，甚至在2020年这个公募基金发行的大年，这家公司因为极度的克制，没有发行哪怕一只新产品；（3）节制，区别于大部分公募基金，不以规模为导向。在2021年前三季度公司产品业绩有突出表现时，9月份就毅然决然进行了全面的限购。它所体现出的"以持有人利益最大化为原则"的品质让我们看到其价值投资的初心，它更在乎的是持有人长期的盈利体验。这家公司的以上特质从其合作渠道选择上也能窥见一斑，聚焦、精简，核心的银行伙伴目前有且只有A银行一家主渠道。之前也曾"好奇"地不止问过一位公司的伙伴："如果能合作的话，为什么不多增加几个销售渠道？多一个渠道就意味着多一份规模呀。"这家公司不同同事的回复都类似："我们希望我们的服务是有温度的，我们专注于主动管理的权益类基金，产品净值的波动是必然的。希望我们的服务不仅仅停留在产品发行的时候，同样发生在产品净值遭遇波动与回撤面临可能遭遇到客户的质疑与挑战、短期赚钱客户想止盈但可能错过了长期不错收益的时候，不仅让客户赚过钱，更是让客户能真真正正地赚到钱。所以，我们也愿意为大家提供尽可能的协同、深耕和细致的陪伴，甚至是去产品化的投资者引导服务。"

感恩过往的一路相伴，市场起起伏伏，不变的是公司的坚守与有温度的陪伴，希望未来还能一起走很久，一同见证低估值价值投资之美！怀揣初心，静待花开！

（作者：赵晨）

我的价值投资之缘 *

我于 2007 年毕业后进入老东家 G 银行，从那时候就开始接触基金，当时的市场非常火热，甚至用疯狂来形容都毫不为过。当然，投资于股票市场的偏股型基金表现也很好，客户谈起基金都是喜笑颜开，我也有幸目睹了客户自发来行里排队买基金的"盛况"。当年 8 月份上证指数突破了 5000 点大关，10 月份直冲至 6124 点的历史高位。但是好景不长，受国内外多种因素影响，随后 A 股一路走低，仅一年时间就下探至 1624 点。

经历过山车式的巨幅下跌，在高点买基金的客户损失惨重甚至可以说哀鸿遍野。客户的情绪也随着市场在发生变化甚至"反转"，主动咨询买基金的客户寥寥，亏钱焦虑、吵闹甚至投诉的客户越来越多，再到后来基金几乎无人问津。很多时候行里销售的基金未能达成目标。我仍记得 2008 年行内发行某基金，刚刚转岗理财经理的我只卖了 60 万元，竟然也可以排名市分行第一，在这样的冰点时刻，我一度怀疑半年前排队买基金的盛况是否真实。

身边经历过 2007—2008 年这轮行情的客户鲜有人赚钱，我也意识到从股票市场赚钱并不像想象的那么简单，需要不断提升自己的能力，才能更好地帮助客户理财。于是我决定加强专业学习，关注各种股市财经资讯和投资理财知识，也考取了国际金融理财师（AFP）、注册理财规划师（CFP）等证书，并系统地学习了资产配置、投资理财、投资规划、投资逻辑等知识。一路走来我还是和绝大多数

---

* 本文内容仅代表作者个人观点，不代表其供职单位。

的理财经理一样，一直在寻觅能帮客户持续赚钱的"宝藏基金"，但是寻寻觅觅一直未能实现。甚至在很多时候还起到了反效果，比如 2015 年牛市时，我自以为很厉害挑选到了上半年表现翻倍的创业板基金，但随后的表现又让我陷入了迷茫。后来我有了职业生涯的第一次跳槽，从国有大行到了现在任职的股份制银行。在基金销售工作中，现单位从 2018 年开始进行了改革，开始做"基金优选池"，组建专业团队从全市场筛选优秀的基金组合。很感恩这个变化，它让我似乎有机会寻找到之前心心念念的"宝藏基金"。

2018 年也是股市低迷的一年，年初市场 3500 点附近还能有 200 亿元发行规模的"巨无霸"基金，但是 2018 年年底上证指数 2500 附近时很多基金不得不募集延期，也可以说是冰火两重天。就在这时总行推荐了一家新基金公司的基金，而且还是这家公司发行的第一只产品。我很好奇为何这么新的公司和产品能入选优选池，就做了详细的了解，查询了很多资料。了解到这个基金经理的投资策略是低估值价值投资，过往业绩非常优秀，拿过金牛、金基金等不少权威奖项。

虽然是一家新基金公司的新产品，但基金经理过往所管基金业绩优秀，让深处"一线"的我们消除了疑虑也增加了不少信心。通过与这家公司渠道销售经理的多次深入交流，我更加了解这家公司的投资实力和背后的投资理念、逻辑，特别是公司的文化和价值观，他们处处以客户利益为首要出发点，特别打动人。

随着我们的互动和交流日益增多，了解也越来越深。慢慢地我也逐渐认识到，过去我们太关注产品的短期业绩表现，所以每每推荐行业集中度高、偏向主题类的基金，但往往业绩较难持续。而坚持低估值价值投资策略的基金，往往短期业绩不是很拔尖，但中长期的业绩可持续，了解低估值价值投资策略产品的赚钱逻辑后我发现，这大概就是我希望找到的可以持续帮客户赚到钱的"宝藏基金"吧，由此我便有意识地引导客户的长期资金配置更多坚持低估值价值投资策略的基金。

到这家公司发行旗下第三只产品时，我已给接近一半的核心客户进行了重点的推荐和配置，他们也逐渐成为低估值价值投资基金的铁粉。在群里有同事问起买什么基金的时候，不管行情如何变化，我都推荐低估值价值投资类基金，试图引导其他理财经理也加大这类基金的配置，甚至有同事开玩笑说我是基金公司的"卧底"。

然而价值投资不可能时时有效，我的"卧底"之路也并非一帆风顺，中间经历了多次的挑战和波折。从2018年年底初识低估值价值投资策略至今，其间该策略经历了较长的"失效"时期，最大的挑战在2020年下半年，在以核心资产为主要投资方向的基金同期平均涨幅20%~30%的情况下，我给客户推荐的低估值价值投资基金不仅没涨，甚至还出现了下跌的情况。对比其他基金短期的优秀表现，客户纷纷想卖出转换到其他基金，之前被"安利"的同事也出现了不理解的情绪。

幸运的是，净值表现低迷期间这家公司一直与我同在，提供了较高频率的价值投资服务和陪伴工作。其间我也有幸在贵州的一场活动中见到了基金经理和其价值投资万里行活动的创始人和领导，与他们的交流让我获益匪浅，他们对价值投资的笃定也更加坚定了我引导客户配置低估值价值投资基金的信念。2020年年底挑战最大最煎熬的时候，我几乎每天都在做大量的沟通和安抚工作，尽可能让客户继续耐心持有不要盲目卖出，因为我内心深知这家公司的投资风格没有漂移，还是按照既往的逻辑和框架在坚定地做投资。

没想到2021年春节之后，市场风格就发生了翻天覆地的转变，低估值价值投资基金的业绩也屡创新高，到后来该公司的基金逐渐进行了大额限购甚至暂停申购。之前没坚持住赎回的客户开始后悔，继续持有的客户也越来越认可。作为一名理财经理，最有成就感的还是帮助客户实现了投资收益，甚至我也后悔自己当初为什么没有挽留住想赎回的客户，没有在2020年给更多的客户"播种"。客户收获投资收益的同时，我的管户资产规模也在变大，客户的黏度也在加强，同时不少客户还主动介绍家人、朋友、亲戚来找我理财，价值投资让我在2021年的市场有了不一样的收获。

最后，也是我最想跟基金投资者朋友们分享的是要做真正赚到钱，而不是仅仅赚过钱的投资者。市场景气度高时，投资者都喜欢关注短期业绩表现优异、持股行业集中度高的行业赛道基金，但这类基金波动很大，投资者其实很难做到真正的长期持有并赚到净值增长的钱。

对于绝大部分投资者而言，在明确长期的投资目标下，做好自己的大类资产配置，把真正的长钱识别出来，投资到坚持价值投资策略的基金中去是不错的选择。而低估值策略基金由于其投资策略和风格相对的稳定性，对普通投资者而言是比较友善的，长期的胜率也较高，是不错的底仓配置之选，可以作为投资者资产配置组合中的"压舱石"。

投资是一辈子的事儿，身为价值投资粉丝也是普通投资者中的一分子，我会继续秉持长期主义的信念，与价值投资管理人和我亲爱的客户们一起在价值投资道路上携手同行，一起慢慢变富。

（作者：陈俊海）

售后，与客户温情相伴 *

做理财十年，我一直觉得售后比售前还要重要。因为通过售后，可以更充分地了解客户的想法、客户的风险偏好和投资目标以及客户对投资和资产配置的真正认知，以满足客户的真实投资需求。通过售后陪伴，我和客户也进一步巩固了信任关系，增进了相互之间的更多了解。我一直相信，理财服务是一辈子的事，在这条路上，我和客户可以一起走更远更久。

在售后陪伴服务中，我有以下几点体会：

在自我要求和客户的陪伴激励中自身素养不断提升

1. 自信

专业认知和自信是我供职的银行(以下简称 A 银行)这个平台赋予我的，这个平台的财富管理体系健全，对财富管理队伍的训练培养让我们在这里更有自信地成长。借着这个平台，各家产品提供商也能不同程度地给我赋能，我对自我的成长要求也在这样的环境中不断提高。回顾这十年，从对不同策略产品的认知、评价，再到资产配置理念，到不同类型客户的不同服务方式，再到家庭资产规划

＊ 本文内容仅代表作者个人观点，不代表其供职单位。

甚至家族信托，我的专业、自信和客户的财富增值在相互作用中共同成长。

2. 耐受力和自我调节能力

自信让我更坚定。面对复杂多变的市场和客户的情绪波动，我越来越自如，承受力越来越强。我相信，认知决定着言行，我的言行一定能积极影响甚至改变客户的投资误区。这不是容易的事，这需要与客户之间的彼此信任和客户关怀。我的客户中随着我在面对他们情绪释放时越来越淡定，受市场波动而情绪抱怨的也越来越少，因为他们也在经历成长。关键是，他们知道有我一直在陪伴他们，他们也越来越放心、安心。

3. 积极乐观的心态

资本市场是国民经济的晴雨表。就像月有阴晴圆缺，经济起伏如同自然界的更替一般平常。历史的车轮不断滚滚向前，在这个世界日新月异的一次又一次发展浪潮中，我们享受着便利和幸福，这种信念足以支撑我们克服一切困难和波动。只要我们选择的是长期正确的事，被历史证明是长期可持续的事，长期的回报就是可预期的。这种积极乐观的心态可分享和传递。

4. 在细节中不断成长

细节决定成败，细节能促进我有更多思考。客户有事找我时，我总尽我所能第一时间回复，希望自己是客户问题的处理专家。对不能当下解决的事，也尽可能争取内外部资源支持，今日事今日毕。在每日晚间的复盘中，想想自己的处理哪里欠妥、哪里不全面、哪里的表达还可以让客户感受更好。日复一日，我发现自己悄然成长变化了，和客户之间的信任、情感也越来越好。

充分了解客户及其真实需求

我所服务的客户一般可以分为三类：

1. 主见型客户

这类客户一般对我的配置建议、产品推荐有自己的见解。这类最成熟的客户其实让我的售前售后压力最小，我只用尽责告知就好，分享完整信息，给出建议，表达售后陪伴意愿。客户自己选择后，我做好产品跟踪与陪伴。比如我有一个3000万元存量资产的客户，60%配置权益产品，而且他自己主动要配某私募管理人。我将我能获取的尽可能多的该管理人的信息分享给他，也持续跟踪该管理人的即时信息分享给他，并做好售后陪伴。

2. 依赖型客户

这类客户对投资的认知还不够清晰，对信息的获取和识别也不够充分，缺乏自我判断能力，这就需要我有更多时间去引导和陪伴。这类客户，我会倍加珍惜他们对我的信任，对他们的投资建议和引导就会更细致、更耐心、更全面一些。他们过往可能有过不愉快的经历，被市场或自己的投资误区伤过，我会有意识引导，希望这些经历能帮助他们有所成长。

3. 成熟型客户

这类客户具备一定的投资经验，获取市场信息比较快捷，也有识别判断的能力。他们一般会找我求证，信任我的都会充分听取我的建议，我也会很小心地提供配置建议和产品建议，这样能让他们有愉悦的投资体验，也让这样的陪伴服务可持续。这类客户的后续投资行为会相对容易引导，比如适时调整他们的配置建议时，他们会听取。但对于没能达成投资目标的建议，客户也容易失去或减少信任，这与客户的性格也有关系。我一般会在我的客户名录里做好记录和归类，留意他们的言行特征和注意事项。

服务客户的主要方式

根据客户分类及真实的投资需求，结合我自己的能力圈，我陪伴服务客户的方式主要有以下几种：

1. 保持日常沟通互动，积累信任和信心

根据客户的个性和投资目标、风险承受能力及组合收益情况，我基本保持每个月和客户沟通的频率。有时根据产品提供商的标准材料和话术，有时我自己会整理有针对性的投资建议方案，同时尽可能创造和客户面对面沟通的机会。当客户看到账面的盈亏情况，并能感受到背后的逻辑时，会巩固其对我的信任，这不仅是对我的专业能力也是对我的赤诚的信任。已产生浮动亏损的产品如果是我推荐错了，我会及时承认自己的局限性和判断失误，对客户保持诚恳，寻求客户的理解，并和客户探讨有针对性的解决方案。

2. 资产多元化配置理念引导，这是长期投资的源泉

资产配置是财富管理的框架，是长期视角，是服务客户的王道，无论作为敲门砖还是服务工具，都是服务客户的极佳和有效方式。在大类资产配置建议方面，我一般结合客户的生命周期、投资目标和风险承受能力给出建议，帮客户梳理资金性质和期限。对于配置好的组合，我也会和客户进行定期再检视，借着持续的沟通服务增进对客户及其需求的了解。财富健康度的优化是一辈子的事，可能通过分散投资降低组合风险和持仓成本。在投资风格方面，我也会建议客户结合自身具体情况进行合理的均衡配置，以让客户可以无论在什么样的市场环境都能不惧波动，减少波动，既有长期稳健的资产，也有阶段性表现优异的资产。

3. 坚持长期投资和置换再投资，以长期视角定期再平衡

资产配置是长期投资的源泉。长期底仓配置做好了，整个组合的波动性就会

降低，收益中枢也会相对明确，能更加坚定长期投资的信心。关于核心和卫星的组合，我是引导客户从长期视角来配置，长期底仓这部分核心仓位希望获取长期稳健可持续的收益，积累复利；卫星仓位是根据客户偏好进行调整建议。如果是没买对的资产，我会建议客户果断调仓，即考虑置换适合的好资产。我特别注意这个过程中的沟通充分，让客户充分理解置换的逻辑和置换的资产背后的投资理念。我有一个客户，熔断的时候亏损40%，但是随着优化配置结构，置换了适合的产品，亏损的部分全部得到弥补后还有正收益。

理财服务十年的职业经历帮助我不断提升认知，在陪伴服务客户的过程中我也收获了很多鼓励和温情。让客户放心我会一直陪伴，他们资产增值的路径也是我专业服务价值的发展成长路径，这是我的职业规划。理财服务是一辈子的事，我会坚定地走下去。每一次和客户的沟通，都在积累他们的信任和信心，做好了资产配置、风格配置、产品配置，其他的交给我和时间。

（作者：周阳）

4.13 对价值投资者而言，长钱是最珍贵的"嫁妆" *

我们经常会说买基金（主要指偏股型混合基金，下同）有点像找结婚对象，找的时候千万要睁大眼睛，好好考察，尤其是简单从外在观察看不到的反而可能是最重要的品质，比如三观、人品等，它们决定我们婚姻的质量。买基金产品的时候也类似，不仅仅要关注基金经理的历史业绩，尤其是短期业绩，并好好考察业绩背后的逻辑、方法，并要持续考察他们是不是知行合一。所以买入的时候千万别太草率，就像我们经常说如果找对象时，纯粹属于"外貌协会"，或者只看对方的表象，未来的婚姻可能会出现很大问题，而卖出产品的时候，更要谨慎，就像离婚不是儿戏。而结婚的时候，什么嫁妆最珍贵？毋庸置疑，最珍贵的是良好的人品。那么对于买基金来说，尤其是买的是采用价值投资策略的基金来说，什么是最重要的呢？想来想去，应该还是长钱，就是基金投资者提供给价值投资管理人的长期不用的闲钱。

华尔街传奇投资大师彼得·林奇在他的畅销书《战胜华尔街》中说道："即使是投资一只业绩暂时落后于大盘的基金，长期来看，您也可能会取得良好的回报，因为短期投资业绩很难预测，所以您一定要有耐心。除非您确信，不管短期是涨是跌，您都会耐心地持有好几年，否则您就不要投资股票基金。"

另外一个投资大师巴菲特甚至要求投资他的产品的资金是 10 年以上。在国内，公募基金行业也是不断呼吁大家在投资基金、特别是投资于权益类基金时要

＊ 本文内容仅代表作者个人观点，不代表其供职单位。

用长钱。

为什么大家都在强调投资于权益类基金的资金要是长钱呢？

这要先看看基金的本质。基金，其实是资产管理业务的一种，资产管理，是把钱交给别人管理，这和自己管理自己的钱有天壤之别。管理自己的钱，没有信任成本，自己是100%信任自己的，亏的时候也会"原谅"自己，甚至想方设法合理化自己的行为，然后和自己继续和谐地走下去，所以我们会经常看到很多炒股亏钱的投资者，在亏钱的时候都会怪外部环境，却很少反思自己的行为。但是资产管理是把钱交给别人管理，那就存在代理风险，其实本质上是信任风险。一旦亏损，或者短期产品表现不尽如人意，作为持有人可能就会本能地怀疑管理者是不是尽了责任，或者怀疑对方能力有问题，是不是值得长期信任。如果投资的时候不是使用长期的资金，就像结婚的双方没有共同价值观一样，想长期继续携手走下去很难。而如果不能长期携手，短期碰到一点挫折就想分开，那么势必很难享受高光的时刻，也很难获得长期比较丰厚的收益。

另外一个，要从基金投资的本质去看，为什么投资基金需要长钱呢？因为权益基金买的是一篮子股票，背后是一篮子公司，实际上价值投资型的基金就是在赚一篮子公司成长的钱，但我们都知道公司的成长需要时间。从更长的角度上讲，买基金其实是在买中国的经济发展，甚至世界的经济发展，除此之外，还有基金经理在众多上市公司中选择优异标的的能力。但是股票市场短期赚的不是这种钱，市场的短期表现主要由参与者情绪来决定，"市场短期是投票器，长期是称重机"，参与者的情绪在一段时间可能会非常悲观，会导致很多股票出现短期下跌的情况，基金投资的组合也免不了短期浮亏，这个时候如果您用于投资的不是长期不用的钱，虽然自己对未来有信心，产品不久之后可能会回本，但因为必须用钱，即使浮亏也必须赎回，那就把浮亏变成实亏了，即便是后面产品净值涨上来了，收益也与您无关，这类情况非常可惜。

此外用过短的资金来投资，会直接导致投资观察周期太短、心态过于紧张，特别在意短期的波动，很难用比较平和的心态来看待市场每天正常的波动，如此投资可能变成了一件特别痛苦的事，这一定不是大家参与这个市场的初心。

所以，我们在配置基金的时候，要有心理预期，再牛的投资经理，在短期市场普遍下跌的时候也很难做到不跌，所以买任何一只基金都要做好短期浮亏的准备。同时，很少存在一只基金在任何时候都能跑赢其他同类，所以要适度接受自己的产品慢一点。就像我们找的对象再好，也不可能是完美的人，一定都会有自己的情绪，都会存在磕磕绊绊的时候。

婚姻中，陪伴是最长情的告白；在投资中，时间是最重要的朋友。

如果您不想和一个基金长相厮守，请在一开始的时候就仔细想想，要不要"撩"它，不然很可能受伤的是自己。

当然，很多时候，我们会碰到不少投资者说，我知道需要长钱来投资基金，但我总是觉得自己的钱可能马上都会用。这个时候就需要我们根据自身的资金属性和投资目标，请专业人士提供专业的建议和规划。比如哪些钱是真的要用的，哪些需求可以用一小部分产品就能解决的，不用一直备着特别多的资金；比如害怕意外，可以用一部分钱来配置保险，从而解决后顾之忧。通过合理的规划，我们往往会发现，一定有一部分资金是短期用不上的长钱，可以用这笔钱投资权益类基金。长期下来，我们就能提高资金利用率，家庭总体资产的长期回报率就有可能进一步提高。

当然，讲了这么多，不是想告诉大家，基金投资只要长期持有就行，但是长期不用的钱一定是权益类投资中最重要的必要条件之一。基金投资整体是一个复杂的系统工程，从来不是用一个或几个简单指标就能解决的，但是我们确实可以找到一些重要的指标和条件，不断地去接近，少犯一些不必要的错误，这样就可以提高胜率，相应收益率的提高也就是可以期待的。

所以，如果我们准备投资一只基金，买之前需要慎之又慎，给基金经理最好的"嫁妆"——长钱，做好一起经历"艰难险阻"的准备，这样才能提高我们投资基金的盈利体验。

(作者：川流不息)

4.14 因为相信，所以看见*

作为一名具备多重身份的投资者，接到这个书稿邀请，很是欣喜与兴奋；然而，长时间却不知从何下笔，总是在理财经理、投资人、销售机构合作者、价值投资践行者等多重身份间转换与纠结。认识、了解开放式基金是从 2001 年开始，2005 年作为股份制银行的一名理财经理开始向客户推介、销售基金，有货币型、债券型、股票型……而偏股型基金的突然"爆火"，应该是在 2007 年那个疯狂的年份：几乎所有走进银行网点的客户，都是在看到别人的抢购行为后才做的投资决策，当时更多是因为看见，所以选择。至少在 2007 年 10 月 16 日之前大多数的投资者都认为：抢到就是赚到；那个遍地都是"股神"的"黄金年代"让几乎参与其中的每一位客户多年后回想起来依旧唏嘘不已。然而，也正是这些"股神"、不明就里抢购的投资者，在 2008 年那波"北京奥运"行情中，迅速地经历了浮盈、持平、浮亏、腰斩、割肉、伤心出局的过程。而作为一名资历尚浅的理财经理，笔者在不成熟的市场、风险教育面前，同样也经历着投资亏损、市场洗礼、客户质疑，最终与客户一同煎熬的非凡岁月……值得庆幸的是：在那个狂热的年份，笔者成功阻止了客户购买某"全球最赚钱的公司"的股票以及刚刚试水成立的各种海外主题基金，但回头想来当年的逆向引导与认知匹配或许更多是运气。

2009 年 7 月，回到分行管理部门，笔者开始承接全分行财富业务的推动工作，引领、组织一线理财经理进行销售，对产品的甄选就需要更为谨慎。2012

＊ 本文内容仅代表作者个人观点，不代表其供职单位。

年年初，与价值投资以及积极推动价值投资的朋友相识，而那次的不期而遇，让我们彼此双方都记忆深刻，也成了老友在随后很长一段时间都绕不过去的梗。也许正是那次长时间的等候，换来了对价值投资理念的深度了解，才有了后期走进基金管理人与基金经理面对面，也才有了后期推荐、引导身边的亲友、同事、客户持续、重仓地投入。庆幸的是，精选的产品业绩持续优良，让投资人赚到了、满意了。然而，2015年的股灾却让不少投资人真正经历了一次洗礼，而笔者也是被洗礼的一员：记得那段时间经常彻夜未眠，深夜跟老友留言交流，或许这也是触动他发起价值投资万里行活动的因素之一。

从业这么多年，经历的市场波动、周期轮回不少，但还是免不了在波动中迷茫、在周期的漩涡里打转。如今，作为渠道合作方去发掘、引进产品，更为慎重；怎样选择能够站在客户的立场、角度去经营、投资并具备长期理念的优秀管理人，也是颇费一番脑筋。思来想去，选择了以下几个维度：

1. 基金产品

历史业绩如何？以3年为一个周期，是否能达到预期的收益目标，在这个阶段，月度排名、季度排名、年度排名是否排名前1/3；业绩的波动性，最大回撤与同类平均比较如何？需要明确的是，这其实是一个极为苛刻的筛选标准，而短期排名特别靠后的时候恰恰可能是检验基金经理风格是否稳定不漂移的时候。

2. 基金经理

基金经理所投资管理的产品历史业绩情况，是否符合上述产品选择的要求；基金经理本身的三年、五年评级排名如何？公司对于基金经理的考核，是每年排名还是以三年以上的长期业绩为先？

3. 基金规模

基金公司的营收主要靠1.5%的管理费，规模扩张意味着收入的增加；然而如果基金产品规模无序扩张，必然增加基金经理在市场中选择高性价比投资标的、投资建仓、进行个股止盈的难度，那么产品盈利的难度必然加大。

4. 伙伴选择

从管理人的角度看合作渠道的选择可能越多越好，更多销售渠道意味着可能更高的销量；然而管理人同时要衡量的是合作伙伴数量是否和自己能够支撑的服务能力相匹配。如果管理人的服务能力不足以支撑投资理念传递、传导到投资者，精选匹配自身发展理念的合作者，宁缺毋滥，可能是长期视角下更可持续的多赢方式。

5. 十大重仓股

本指标作为参考指标之一，主要看投资标的是否和十大基金公司投资标的相重合。需要注意的是这个指标是一把双刃剑，需要结合市场环境辩证去看待：如果和其他基金公司投资标的重合率 80% 以上，比如 2021 年上半年，很多基金公司投资标的属于白酒、医药行业，那么重合度很高的产品在结构极致分化的市场环境下就有被裹挟的嫌疑，需要慎重；如果十大重仓股和市场热点完全不重合，也要提示风险，比如风格不同的产品表现也会有差异，差异未必是坏事，投资者在不同风格上的配置是否符合自身风险偏好、资金属性，对于可能的波动与差异化表现是否有合理预期，这些是我们在做产品配置推介前需要注意的。总体来说，这个指标不太好把握，适宜对市场长期关注并有所研究的人士参考选择。

如何选择一家优秀的基金管理人，所选择、参考的指标很多，每人都有不同视角，可谓仁者见仁，智者见智，以上仅为个人见解，供大家参考。投资、从业多年，亲身经历并发现身边很多客户仍存在一些投资误区，我们选择较为普遍的比照基金重仓股的投资方法，从股票投资的角度分享如下：

这个想必是投资基金多年的老基民、老股民经常做的事情，但却经常忽略一个基本的常识：基金的重仓股披露经常会迟滞一个月左右，有时时间会更长；您选择的股票无非三种表现形式：上涨、下跌、盘整；我们逐一简单探讨：

情形一：股票上涨

您跟踪的重仓股在上升浪中，您若跟随建仓(因为披露滞后，或许已经涨了月余)，那您的建仓成本必然高于基金建仓成本，既然认可这个基金，为何不早投资基金呢？如果早投资现在已经盈利了。

情形二：股票下跌

您跟踪的重仓股在下跌通道中，您此时会犹豫：一直在下跌，基金是否已经减仓？再等等看，反弹了再说吧？或者观察一下其他基金是否投资这个股票。然而，很多时候，您很看好的重仓股在下跌，但基金净值却在涨，您的心态开始微妙起来……

情形三：股票盘整

您跟踪的重仓股一直在盘整中，您或者已经投资了，或者还在观望中；而这时候基金净值开始稳步抬升，您开始懊恼为何不直接投资基金呢？如果基金净值不动或者下跌，您或许能让自己有超越基金经理的快乐，但您却要时时关注股票价格的波动，让您决定能否低买高卖，摊低成本？然而，时间会让您明白您的跟踪多半是消磨了自己的宝贵个人时间，往往很难持续换来很好的收益。

大多数投资者很难跳出"因为看见，所以相信"这个追涨杀跌的负向循环，究其根本可能是两方面原因，一则可能是陷入了短期业绩的线性外推，然而投资是门科学，如何赚到钱，业绩背后的逻辑大概率比简单的净值变化趋势更重要；二则可能是我们更愿意示强而很难理性地示弱，认为自己大概率比市场大多数参与者更强，认为自己能够战胜市场，这往往让我们在一次偶然的成功后以更多资金入场，也让我们在一次次的失败后仍然怀有逃顶抄底的希望，然而如果我们静下心来回顾过往投资，投资这门科学里大多数凭运气赚的钱往往会凭实力输掉。以上都是自己多年从业中遇到的、经历的，有客户的、有亲友的，也有自己的，供各位参考，希望能在各位投资的道路上起到一点借鉴、参考之用。若能对大家在追涨杀跌的"因为看见，所以相信"中产生一点点逆向思考的启发，足慰心愿，"因为相信，所以看见"让我们能更大概率地赚到钱。

（作者：马学锋）

4.15 三大经典客群的资产配置实操建议 [*]

　　笔者从事证券业二十余载，一直深耕经纪业务条线，过往见多了投资者的浮浮沉沉，也深谙经纪业务从业人员专业素质仍良莠不齐，并非全部从业者都有能力帮助客户资产增值保值。然而所有的商科经典教材都告诉我们：商业的本质是为客户创造价值，不能为客户创造价值，客户往往就会选择不买单。从前经纪业务本身只提供通道，创造的价值极其有限。历史经纪业务的营销模式依然停留在通过人海战术拉客户，从业人员真正的价值没有显现。因此，多年来笔者也一直在思考如何真正为客户创造价值，近几年越发豁然，资产配置是客户资产保值增值的唯一出路，而做好资产配置投教工作则是证券经纪从业人员自我价值实现的重要方式。

　　本书定位为一本投资者引导图书，既受邀供稿，在此想结合笔者及所带团队多年财富管理领域探索所得经验，为常见投资者群体的资产配置实操提供借鉴思路，为金融行业的资产配置投教工作贡献绵薄之力。从业多年见过的在投资市场上浮沉、急需优化资产配置持仓的客户成千上万，通过总结共性特点得出以下四种主要群体：持仓偏保守型客户、追涨杀跌炒股型客户、粗具资产配置意识的客户、专业性较低迷恋爆款型客户。

　　本文将分别对前三种客群的持仓劣势给予分析，提供有针对性的优化配置建议，并辅以翔实、可验证的观点支撑数据，以供对应客群及服务这类客群的从业人员参考。

---

　　[*]　本文内容仅代表作者个人观点，不代表其供职单位。

经典客群一：持仓偏保守型客户

这类客群往往工作繁忙，较少关注金融市场，对自己风险偏好的理解有偏差，持仓单一且以固定收益或货币型理财为主，预期收益不高。然而在资产新规下，银行理财打破刚性兑付，传统的固定收益理财收益率自 2018 年以来呈现下降趋势，同时根据 Wind 的数据统计，2005 年至 2021 年，国内 M2 复合增长率高达 14.0%，这类客户的持仓显然无法跑赢代表通货膨胀水平的 M2，因此资产保值增值也无从谈起。同期偏股混合型基金的平均收益率情况是整体累计回报率达到 1166.79%，年化回报率达到 16.6%（见图 4.3），因此，不难看出合理引入权益类资产配置对于该类客群抵御资产减值是一个有效途径。为了更好地提出资产配置优化示范，下文将以单一客户示例来做阐述。

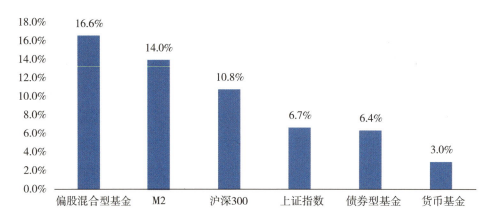

特别说明：历史数据不代表未来表现

数据来源：Wind，统计区间：2005/1/1—2021/12/31

图 4.3　2005—2021 年各类资产与 M2 年化涨幅对比

客户示例：李先生，37 岁，某制冷公司设计总监。李先生单身，工作繁忙，一直没有花时间了解金融市场的情况，他将大量的资金投入固定收益的理财产品中，现在持有 300 万元的固定收益产品。

根据客户的职业信息、年龄、现有配置，我们可以从客户身份特征、持仓特征进行分析并得到如下信息：

(1)流动性需求小：未组织家庭，家庭赡养支出需求小；

(2)对自己的风险偏好理解可能是有偏差的：收入高，事业上升期；

(3)客户的资产配置方案存在其他可能性：持仓单一（不接受波动？未了解替代方案？）；

(4)收益预期不高：当前全部配置固定收益产品；

(5)可通过专业打动他：客户为专业人士。

基于以上分析，资产配置优化建议将重点考虑客户的持仓结构是否合理、与需求是否匹配、流动性是否合理。基于以上客户背景，给予如下优化建议：

(1)重新评估客户风险承受能力，可增加中长线规划；

(2)丰富配置的收益来源，降低固定收益类产品比例，增加配置中性对冲产品、权益类产品，提高客户资产整体的收益弹性；

(3)固定收益类资产配置以中短期（3~6 个月）为主，滚动式进行，在实现资产保值的同时，满足短期流动性需求；

(4)增加配置中性对冲产品后，整个资产配置仍以稳健资产为主（60% + 20%），是一个符合较低波动率，同时可以提高预期收益率的组合（见表 4.3）。

表 4.3 　　　　　　　　　　　　资产配置方案建议（一）

产品类型	策略分类	原有比例	推荐比例
固定收益产品	固定收益	100%	60%
中性产品	中性对冲策略、平衡 FOF	0%	20%
权益类产品	股票型基金、混合型基金	0%	20%

同时，建议李先生进行个人保险的配置（医疗补充险、重大疾病险等）。

经典客群二：追涨杀跌炒股型客户

这类客群往往持仓品类单一且仅为股票资产、账户换手率高、收益波动及回撤大、投资经验丰富且较为自信，期望能一直在股票市场获利颇丰。而根据 Wind 的数据，在 2009 年至 2021 年，并无哪个单一资产或股票板块能够收益长虹（见表4.4）。2016—2021 年涨幅前五的板块见表4.5。实际上，资产有周期，配置不同资产和策略产品，才能有效地平衡收益和风险，仅靠在股票市场追涨杀跌距离实现资产保值增值的目标相去甚远。

客户示例：刘先生，企业主，在股市摸爬滚打多年，目前账户资产为 5000 万元，全部为股票资产，平时喜欢追涨杀跌，2019 年以来炒股获利颇丰，不过 2021 年至今市场震荡剧烈，导致资产大幅回撤。

根据客户的职业信息、年龄、现有配置，我们可以从客户身份特征和持仓特征进行分析并得到如下信息：

（1）身份特征：收入持续性较高，实体企业或面临经营风险；

（2）持仓特征：5000 万元均投资于个股，单一资产风险集中；

（3）交易特征：喜欢追涨杀跌，收益阶段性差异较大，全仓股票一旦被套，非常被动；

（4）资金特征：资产较多，可通过资产配置、家族信托提供服务。

基于以上客户信息分析，提供的资产配置方案建议要点有：

（1）降低持仓集中度，增加资产配置多元性；

（2）增加基金产品配置，接受专业机构给出的建议，避免个人情绪操作导致的追涨杀跌；

（3）基金资产风格分散：成长风格+价值风格；

（4）基金资产策略分散：权益类基金+CTA 基金（期货投资基金）；

（5）基金交易风格分散：主观多头+量化多头；

（6）资产配置区域分散：国内配置+海外配置。

表 4.4

2009—2021 年涨幅靠前的资产列表（%）

2009	2010	2011	2012	2013	2014	2015	2016	2017	2018	2019	2020	2021
黄金 139.94	创业板指 13.77	中证国债 6.85	黄金 24.66	创业板指 82.73	上证50 63.93	创业板指 84.41	黄金 6.19	上证50 25.08	中证国债 8.64	创业板指 43.79	创业板指 64.96	创业板指 12.02
沪深300 96.71	黄金 9.69	银行理财 4.63	上证50 14.84	银行理财 4.82	沪深300 51.66	黄金 31.09	企债指数 6.04	沪深300 21.78	企债指数 5.74	沪深300 36.07	黄金 51.52	中证国债 5.97
上证50 84.4	企债指数 7.42	企债指数 3.5	沪深300 7.55	企债指数 4.36	黄金 34.19	企债指数 8.84	银行理财 4.71	银行理财 4.22	银行理财 4.96	上证50 33.58	沪深300 27.21	企债指数 4.05
银行理财 4.25	银行理财 3.92	上证50 -18.19	企债指数 7.49	中证国债 -2.81	创业板指 12.83	中证国债 7.87	中证国债 2.55	企债指数 2.13	黄金 -18.55	黄金 31.74	上证50 18.85	银行理财 3.1
企债指数 0.68	中证国债 1.93	沪深300 -25.01	银行理财 5.88	沪深300 -7.65	中证国债 11.07	沪深300 5.58	上证50 -5.53	黄金 -1.61	上证50 -19.83	企债指数 5.74	企债指数 4.49	黄金 -1.15
创业板指 0	沪深300 -12.51	创业板指 -35.88	中证国债 2.64	上证50 -15.23	企债指数 8.73	银行理财 5.56	沪深300 -11.28	中证国债 -1.87	沪深300 -25.31	银行理财 4.46	银行理财 4.14	沪深300 -5.2
中证国债 -1.83	上证50 -22.57	黄金 -38.83	创业板指 -2.14	黄金 -48.65	银行理财 5.97	上证50 -6.23	创业板指 -27.71	创业板指 -10.67	创业板指 -28.65	中证国债 4.33	中证国债 2.63	上证50 -10.06

特别说明：历史数据不代表未来表现。

数据来源：Wind，统计区间为 2009/01/01—2021/12/31。

表 4.5 2016~2021 年涨幅前五的板块展示

2016 年	2017 年	2018 年	2019 年	2020 年	2021 年
食品饮料 23.2204	食品饮料 80.841	社会服务 -2.6102	电子 117.6301	电力设备 145.8615	基础化工 89.6382
建筑装饰 22.1543	家用电器 63.0816	美容护理 -4.6007	食品饮料 91.2112	社会服务 134.2595	电力设备 70.9169
建筑材料 21.7025	有色金属 51.0963	公用事业 -8.8309	农林牧渔 87.0026	汽车 115.3387	有色金属 64.6145
通信 12.3711	医药生物 49.414	银行 -9.3123	建筑材料 73.3714	食品饮料 106.9495	公用事业 55.0699
机械设备 11.8913	电子 39.6358	电力设备 -9.3888	家用电器 63.4453	医药生物 99.8444	煤炭 54.9737
电子 10.8321	煤炭 38.978	医药生物 -10.026	非银金融 60.1316	国防军工 93.0137	钢铁 54.9197
家用电器 9.8478	建筑材料 34.1772	农林牧渔 -11.9674	计算机 59.8872	机械设备 75.6057	建筑装饰 39.208
基础化工 9.2406	银行 31.2844	石油石化 -12.0822	社会服务 59.1723	电子 72.2525	环保 38.3738
有色金属 9.0415	非银金融 31.1675	食品饮料 -13.6192	医药生物 53.8521	美容护理 69.4683	汽车 35.4758
煤炭 7.5933	通信 30.2085	计算机 -17.3151	综合 50.6003	建筑材料 61.8028	机械设备 29.3043

数据源：Wind，截至 2021/12/31

鉴于客户是一位投资经验丰富、自信的企业主，资产配置服务可以从市场入手，利用客户近期资产大幅缩水，对自身投资能力产生怀疑的机会，通过市场数据分析让客户意识到2019年自己虽然获利颇丰，但主要是市场因素使然，其账户资产过于单一，无法适应目前震荡的市场环境，甚至有可能使之前的利润丧失。鉴于资产板块有轮动周期，个人难以择时和完全精准地随轮动切换，及时给客户提供专业的资产配置方案。提供资产配置建议时，循序渐进，不要一味强调客户将所有资金投入金融产品投资中，这容易引起客户的反感，可在保留客户部分自主操作仓位的基础上，引入 CTA 策略产品、量化指数增强产品、固定收益类产品等丰富客户持仓收益来源，平滑客户账户收益及回撤波动（见表4.6）。同时，需要提醒客户权益类基金产品需要长期持有，若短期持有，频繁操作，往往导致收益偏低甚至亏损，出现产品挣钱、投资者不挣钱的情况。以2019年开始的行情为例，股市、基金大幅上涨，不代表普通投资者都能赚到钱。根据国内某大型三方理财平台的统计，频繁操作的基民成为这波小牛行情中最为"受伤的人"。频繁买卖的用户较拿着不动的用户收益率少赚28%，追涨杀跌的用户较基金净值涨幅少赚40%（见图4.4）。

表4.6　　　　　　　　　　　　资产配置方案建议（二）

大类资产类型	策略分类	积极进取
固定收益	二级债基、可转债	0%（±5%）
权益类资产	原有股票持仓	40%（±5%）
	公募偏股或股票型基金产品（成长风格、价值风格、行业均衡）	30%（±5%）
	海外基金产品配置（港股/美股）、私募（多头）	
另类投资	指数增强、CTA 策略产品	30%（±5%）

同时，可基于客户实际情况，建议客户酌情进行个人保险的配置（医疗补充险、重大疾病险等）。

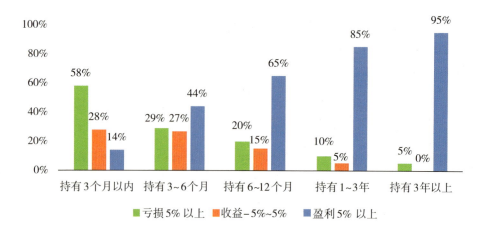

特别说明：历史数据不代表未来表现

资料来源：支付宝 2021 年一季度基民报告

图 4.4　基民赚钱比例和持仓时间相关性极高

经典客群三：粗具资产配置意识的客户

这类客群粗具资产配置意识，明白资金持仓要将风险分散的道理，但是往往分不清资产相关性高低，导致账户中某个大类资产配比偏高，无法真正实现风险分散，账户波动仍然较大。

客户示例：陈总，企业主，58 岁，有 1 个女儿和 1 个 4 岁的小外孙，客户主要持有 3000 万元的固定收益产品、500 万元的股票型基金、300 万元的股票资产。因考虑自己的年龄，觉得之后投资需要逐步降低风险水平和资产波动。

根据客户的职业信息、年龄、现有配置，我们可以从客户身份特征和持仓特征进行分析并得到如下信息：

（1）身份特征：企业主，生命周期属于成熟期，三代同堂，有传承需求。

（2）资金特征：自身经营企业，有稳定的现金流，收入持续性好。收入来源依赖于客户自身企业，企业具有潜在债务风险。

（3）持仓特征：①稳健型，固定收益占比过高，收益弹性较低，不足以抵御通货膨胀。②有逐步降低风险水平和账户资产波动需求，但缺少对冲、另类投资标的。③配置的股票型基金和股票，其风险收益特征相似，根据资产相关性分析，资金配比有待优化。

基于以上客户信息分析，提供的资产配置方案建议要点主要有（见表4.7）：

（1）调整客户持仓比例，丰富投资品种，降低持仓品种的相关性以及账户资产波动；

（2）增加另类投资，在波动和风险相对可控的情况下，提高整体收益率；

（3）可建议客户增加家庭保险和家族信托规划，提高个人、家族和企业之间的风险抵抗能力。

表4.7　　　　　　　　　　　　资产配置方案建议（三）

大类资产类型	策略分类	保守稳健+
固定收益类	二级债基、固定收益	10%（±5%）
对冲类	量化套利、量化对冲	60%（±5%）
权益类	量化指增	10%
另类投资	CTA策略产品	20%

鉴于客户粗具资产配置意识，给客户做资产配置投教的时候，可首先肯定其持仓分散的做法和好处。其次，从固定收益及理财收益率降低，跑不赢通胀入手，引导其降低固定收益产品配比。最后，向客户展示市场上各类资产的策略相关性，向客户解释可通过增加资产配置多元性来满足降低风险水平和账户资产波动的需求。例如，从表4.8可看出，在一定期间内股票策略和套利策略的相关性是最低的，而和事件驱动最为相关，也就是说系数最接近1的最相关，反之则是

相关性最低。当客户持仓品种关联性越低，配置的账户资产收益稳定性越强，账户总体风险也是降低的，这显示了科学分散投资的魅力。

表 4.8 　　　　　　　　　大类资产策略相关性分析

	股票策略	债券基金	市场中性	CTA 趋势	套利策略	宏观策略	事件驱动
股票策略	1.00						
债券基金	0.52	1.00					
市场中性	0.42	0.36	1.00				
CTA 趋势	0.43	0.24	0.11	1.00			
套利策略	0.25	0.13	0.17	0.25	1.00		
宏观策略	0.44	0.37	0.23	0.31	0.07	1.00	
事件驱动	0.79	0.43	0.32	0.28	0.18	0.32	1.00

数据来源：Wind

同时，可基于客户实际情况，建议客户酌情进行个人保险的配置（医疗补充险、重大疾病险等）。

以上为证券从业生涯中常遇到的三类经典客群的资产配置实操建议，资产配置因人而异，三个建议仅供参考。服务工作任重道远，从业人员通过翔实的数据、专业的观点和客观的投资建议帮助投资者建立对投资市场的合理认知，实现客户资产保值增值是我们毕生的职业目标，谨以此共勉。

（作者：方强）

4.16 时间的困局 *

大多数被长期证明有效的权益类投资策略都需要做时间的朋友，这一结论对价值投资策略而言更是如此，本质上讲价值投资本身也是一种基于时间的套利和复利增长。

现实却是个人投资者作为一个整体并不常常愿意做时间的朋友，这是资产管理机构与财富管理机构共同面临的困局。2021年10月20日，由多家客户基数较高的头部基金公司联合发布的《公募权益类基金投资者盈利洞察报告》显示：45.96%的客户持仓时长不到3个月，高达61.6%的客户持仓时长都在半年以内，只有11.46%的客户能够持有基金超过3年。

这让我想起前期有伙伴给我发的某头部商业银行领导的讲话内容，里面提到这家商业银行客户平均持有偏股型基金的时间大约是16个月。它告诉我们国内深耕零售客户财富管理业务多年的头部财富管理机构，在多年的客户陪伴和投资者教育工作基础上，客户平均持有偏股型基金的时间也不到2年。

从这个维度看，我们财富管理中的绝大部分客户没有真正意义上的"长钱长投"，即用长期资金以长期投资的方式参与市场，也就导致客户没有用优质权益类基金所需要的时间作为保护工具。看到这样的客户持仓时间结构，在未来总是充满不确定性的现实环境下，很难确知用心筛选并推荐优质产品的业务模式和投资者自主投资产品的业务模式哪种方式更好、更大概率能为客户赚钱。

---

* 本文内容仅代表作者个人观点，不代表其供职单位。

我想，这也是某"超市型"头部三方平台和前文提到的深耕财富管理领域的某商业银行权益类基金保有规模都那么大的原因。

如何打破这一时间的困局，提升权益类投资负债端的时长，是财富管理机构与资产管理机构共同面临的难题。

在寻找解决方案之前，我们先分析一下造成这一现状的原因：比如财富管理本身是一个长链条业务模式，从总部到分支、从产品引入、产品评价到销售推动到投资顾问再到客户，基金投资逻辑的价值传递也容易衰减。比如对于总部从配置理念出发精选的优质产品分支未能精准地了解其背后的筛选原因与投资逻辑，投资顾问未能将合适的产品推荐给合适的投资者匹配合适的资金等。但是我觉得最根本的原因是：

决策权被掌握在不一定具备决策能力的客户手中。

以价值投资策略为例，在投资端专业的价值投资者为什么能够获得时间的保护？是因为他们经过专业的研究分析后坚信其投资标的的价格是低于实际价值的，他们心里有一个价值锚，并愿意耐心等待。绝大部分基民对于自己投资基金的投资价值如何是没有分析以及跟踪能力的，然而不得不承认的是，绝大多数非专业投资者却掌握了决定申购或赎回基金的交易决策权，在每天公布净值、每年甚至每月竞争排名的公募基金市场，在各种投资观点过剩、爆炸式传递的背景下，普通投资者非常容易受到情绪、观点的影响而盲目决策，在人性的驱使下陷入投资误区。

优秀的权益基金+客户长期的持有=客户实际获得的收益。

如果没有客户长期的持有这个关键要素，即使专业人员评估认为长期大概率能带来良好投资回报的优质基金，也会因为客户短期的持有、市场短期不可预测的波动而未能给投资者带来良好的收益。

因此，针对"决策权被掌握在不一定具备决策能力的客户手中"这一根本问题，我想可能的解决方案有以下几种：

1. 封闭式基金

既然投资者不一定具备决策能力，更重要的是绝大多数人都不具备短期择时能力，那我们能不能从机制上避免投资者陷入短期择时困境、进而避免常见的追涨杀跌呢？从 2014 年第一只偏股 3 年创新封闭式基金发行以来，由于前期的尝试有了有益的结果，封闭式基金已然逐渐成为一种流行趋势。如今已演变出 6 个月、1 年持有期、不同封闭期限的定开式等多种形式的"类封闭"与封闭式基金形式。当然，对于持有期这种只封闭了投资者而没有封闭管理人的"类封闭"形式的弊端在此不予以讨论。

封闭式基金本质上是限制了客户一段时间的决策权，如果我们相信国运和权益类投资管理人创造超额收益的能力，理论上封闭 10 年甚至更长更好。但是大部分公募基金公司管理层变化多、基金经理流动性较高，三五年就可能大变样，10 年世界早已发生翻天覆地的变化很难保障"所买即所得"。如果不能保证基金经理和投资策略具备长期的稳定性，负责任的管理人不应发行较长封闭期的产品。同时，即使封闭 5 年、10 年，客观上投资者最后也需做好可能亏钱或者收益不达预期的准备，而这一点广大基民从情感上是难以接受的。

所以，有机制、有能力提供这一解决方案的管理人并不多，财富管理机构要准确地识别这类管理人也很难，更重要的是参与其中的投资者未必全面了解封闭式产品的逻辑从而建立一个合理的投资预期，那么对于财富管理机构来说，如果看错了、产品长时间封闭后开放又不达预期，就有损失客户的巨大风险。借鉴价值投资策略注重风险控制的思想，这种解决方案风险大、胜率低，在当下还不能大面积推广。

2. 投资者引导

既然大部分普通投资者不够专业，我们能不能通过投资者引导帮他们逐渐成为具备体系化、专业化决策能力的基金投资者呢？我们得承认，就像大部分孩子最终都是普通人一样，大部分投资者最终也只是在自己情绪起伏及外界随机影响的世界中随波逐流，很难通过投资者引导而成长为专业理性的投资者。但是，我们可以通过持续的投资者引导帮助他们克服人性的弱点，让他们更好地穿越投资中的波动。所以，投资者引导很重要。投资者引导应该贯穿于投资过程的每个环节，投教内容和形式也应该是在投资顾问了解客户的基础上为其量身定做的，关键在于情感上的陪伴与投资过程中的呵护。作为财富管理机构，我们也非常希望能与有较好投资者陪伴与引导体系的，如同本书的发起者一般深耕价值投资服务的资产管理机构合作，一起陪伴客户成长。

3. 基金投顾或 FOF 基金（基金中的基金）

从机制上避免投资者自己盲目做决策的另一种解决方案就是近两年兴起的新理财运动——基金投顾，另外传统的 FOF 基金在一定程度上也是决策权的转移方式。让投资者把基金投资全权委托给专业基金投资机构，这种方式确实是让专业的人做专业的事，让决策权掌握在专业的基金投资机构手中。基金投顾与 FOF 基金本身有差异，本文不展开讨论。

以基金投顾为例，虽然投资者仍掌握着决定投资或赎回基金投顾组合的权力，不过，如果投资者只是在基金投顾组合之间做选择，大概率比投资者个人选基盈利的能力强，这一点从各家基金投顾机构上线以来的盈利客户占比情况便可证实。更重要的是基金投顾不仅仅关注投资端，更关注顾问端，而"顾"的本质与过程就是投资者引导。因此，基金投顾本质上是一种投资者在投资端的投资决策简化，减轻了大部分投资者因不具备专业决策能力而造成的交易损耗，更重要的是基金投顾引导投资者更多关注自身投资需求与资金属性，关注配置而非单只基金的短期投机，从而使客户的盈利概率相对单只基金投资模式出现大幅提升。

每一种解决方案都有其利弊，也有其适应的客户群体，对大型财富管理机构而言，基金投顾没有限制客户的最终决策权，但降低了客户的决策难度，同时通过分散投资、控制回撤的方式降低客户因为波动而赎回的问题。相比其他方式，采取这一解决方案对于财富管理机构而言，客户盈利概率大、客户流失风险较小，同时也可以容纳大规模资金，可能是相对最优的方案。对资产管理机构而言，如果只是作为投资工具的提供商，而不是解决方案的提供商，那么核心就是两个方面：一是供给名副其实、投资策略稳定、投资风格不漂移的基金产品，供财富管理机构优选配置，二是与财富管理机构一起做好投资者引导和陪伴工作。

让客户实现从投资单只基金到投资基金投顾的投资模式转变并不容易，也需要较长的时间。在当前的客户认知和投资模式下，上述几种解决方案都将并存一段时间，打破时间的困局也需要资产管理机构与财富管理机构在各自的领域持续耕耘与相互协作补位。

本书的发起者作为资产管理机构的一员，作为低估值价值投资策略的坚定践行者，其投资风格稳定不漂移，通过系列服务与财富管理机构一起推动投资者教育工作。有幸与之相遇相知，愿持续携手并进、共同为客户创造价值。

（作者：李杨琴）

影响主动权益类基金收益最重要的因素是什么 *

"给我一个支点，我可以撬起地球。"这是一句家喻户晓的名言，来自2200多年前的古希腊物理学家阿基米德。那么，能够撬动主动权益类基金客户收益的支点是什么？或者说影响投资者在主动权益类基金中获得的收益的最重要的因素是什么？本文试图回答这个问题。

有人认为，基金投资最重要的影响因素包括运气、市场、基金经理、低点买入高点卖出(或者常说的择时)以及自己的投资能力等。但是，我们的核心观点是，影响主动权益类基金投资收益最重要的因素是投资者自己，尤其是投资者的投资行为、认知、投资者在投资过程中的情绪管理。

重要的影响因素:您能控制,长期有关键影响

正确的答案来自正确的问题，我们对问题再进一步细化。

首先本文是从基金投资者的角度回答"影响投资者投资主动权益类基金所获得收益最重要的因素是什么"。

其次，我们将基金的收益分成三个层次：主动权益类基金的平均收益、基金经理管理产品创造的收益，以及投资者获得的收益。这是一个收益的传导链条，

---

* 本文内容仅代表作者个人观点，不代表其供职单位。

在不同的链条上有不同的影响因素。但归根到底，投资者获得的收益是重要的。

最后，我们关注的是对长期收益有关键影响的、投资者能够控制的或者很大程度上控制的因素。短期的变化对长期收益影响较小，是难以控制且超越了人力所为的因素。

市场是最重要的因素吗

首先我们来看一下主动权益类基金长期的平均收益。长期平均收益可以简单理解为公募基金平均能够提供的基础收益。

基金的平均收益受到选择区间的强烈影响。我们首先固定起始日期不变，将起点统一固定在 2009/12/31。选择在 2009/12/31 披露季报的 318 只主动权益类基金，计算这批基金截至不同时点的年化收益率。

图 4.5 显示了 318 只主动权益类基金自 2009/12/31 开始，截至不同时间点的算术平均年化收益率。截至 2021/12/31，主动权益类基金的平均年化收益率是 9.13%；截至 2020/12/31，平均年化收益率是 9.23%；截至 2019/12/31，平均年化收益率是 5.55%；截至 2018/12/31，平均年化收益率是 1.97%；截至 2017/

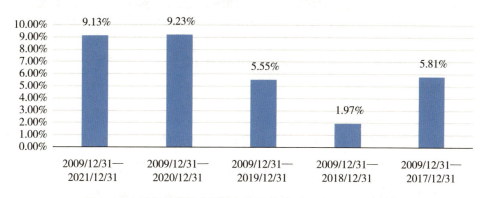

图 4.5 主动权益类基金平均年化收益率（自 2009/12/31 开始）

数据来源：Wind

12/31，平均年化收益率是 5.81%。

看完上述不同时间段的年化收益率，您可能有些不满意。在上述不同的区间，主动权益类基金的平均年化收益率不到 10%？主要原因是我们从 2009/12/31 开始计算，而接下来的 3 年市场都没有大的机会。因此，股市的表现，包括不同风格、行业、产业链等的涨跌，对基金的收益有重大的影响。但问题是，市场以及风格、行业、产业链等的涨跌，对绝大多数基金投资者来说，难以预测和把握，这些因素本身的波动也是很大的。因此，我们不认为外在的市场因素是影响基金投资者收益率最重要的因素。

如果我们将计算的起始点固定在 2013/12/31，主动权益类基金的平均年化收益率有大幅的上升（见图 4.6）。原因是 2014 年，2015 年，以及 2019—2021 年，市场提供了很多获取盈利的机会。

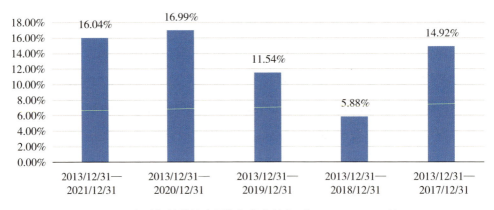

图 4.6　主动权益类基金平均年化收益率（自 2013/12/31 开始）

数据来源：Wind 资讯

总结一下，主动权益类基金的收益受到市场表现的影响很大，但市场因素并不是最重要的因素，因为市场的涨跌不由投资者控制，投资者也难以预测。此外，即使在相同的市场背景下，基金经理做出来的业绩也有极大的差异。

基金经理是最重要的因素吗

那么基金经理是不是影响投资者收益最重要的因素呢？很多人可能会点头，投资者常常说"买基金不就是买基金经理吗"？但我们的观点是，短期内，基金经理可能是重要的，但长期内，基金经理也不是最重要的因素。为何这么说呢？有四点理由。

第一，在国内主动权益类基金经理平均任职年限不到 4 年，导致对多数基金经理投资能力的判断存在很大的不确定性。

第二，少数一些真正有天赋、投资理念坚定、风格稳定的基金经理，其管理规模上升非常迅速。对于主动权益类基金经理来说，过大的规模对于投资收益一定是一个拖累，是一副镣铐。一家工厂有最大产量的限制，一座大桥有承载量的限制，基金经理也一样有管理规模的上限。但问题是，大多数时候公募基金管理人的核心追求之一，就是做大管理资产规模。因此我们可以观察到，不少基金公司连续地对同一基金经理发行新产品，有时一年可以达到四五只。对于规模过度超载的基金经理，怎么能期望其能创造很好的收益呢？

第三，一些基金经理的投资已经有指数化的特征了，比如近两年火热的"核心资产"，一些基金经理的持仓长期固定地放在白酒，医药，芯片等个股上。这些个股涨 100%，他们会拿着，跌 50%，他们也会拿着。对于这些基金来说，影响收益的主要因素是底层的股票资产的股价波动即我们常说的 β，而不是基金经理依靠主动管理能力贡献的超额收益 α。

第四，如果我们认为基金经理是影响收益的最重要因素，会导致一些错误的投资行为。国内现有权益类基金经理人数超过 1000 名，试图从中选出最好的 10 位、20 位甚至是 50 位，都存在很大的难度。而希望选出最好的基金经理，就会有完美主义的倾向，完美主义又往往导致焦虑、内心犹豫不定，这对长期持有基金是很不利的，而权益类的产品持有时间过短往往放大短期波动对收益的影响从而使投资者错失长期不错的收益。此外，短期内业绩特别突出的基金经理，还可能存在持仓过于集中、风格过于激进的特征，隐含了较高的风险。我国股市行情变化莫测，一些年轻的基金经理通过"剑走偏锋"的方式争取更靠前的业绩排名，而这也导致每年排名靠前的基金经理出现城头变幻大王旗的现象。因此，我们的观点是，做好基金投资，我们并不需要选出最好的基金经理，因为追求找到最好的基金经理，一是不可能，二是风险很高，容易导致频繁交易，追涨杀跌。

为何投资者自己是影响基金投资收益的最重要因素

那么为何投资者自己是影响基金投资收益的最重要因素呢？也有三点理由。

第一，投资者正确、科学的投资行为，对提升到手的基金投资收益有很大的影响。基金投资者的收益和基金的收益不是一回事，两者之间存在一个剪刀差。我们看到的基金的区间收益，包括每周、每月、每年，都是采用几何平均法计算的。几何平均法计算收益不考虑不同时间点上不同的基金规模。举个例子，假设一只基金在年初规模1000万元，当年赚了100%，到了第一年年底，资金就疯狂涌入，规模飙升到了100亿元，但不幸的是，第二年该基金亏损了25%。按照基金收益率的算法，两年时间，总收益率是50%。而实际上，这只基金两年内亏损了24.9亿元。因此，从投资者的角度，我们需要计算另外一个收益率，称为内部收益率，该收益率考虑了不同时间上基金规模的不同，更好地衡量了投资者所获得的收益。

我们根据基金期末净值=基金期初净值+本期基金利润+本期基金净申赎，估算基金季度净申赎现金流，这样就可以计算出各个基金的内部收益率。2009年12月31日—2021年12月31日，318只主动权益类基金平均的年化收益率是9.13%。而按照内部收益率方法计算的平均年化收益率是5.73%，两者的差距是3.40%（见表4.9）。注意，3.40%是近12年的区间内的一个年化收益率差距，试想一下，在12年的时间内，想让主动权益类基金的平均年化收益率提高3.40%，是难于上青天的。而对于投资者来说，遵循科学的投资行为，是可以把投资行为产生的3.40%的差距给挣回来的。因此，从全市场的角度来看，投资者要比基金经理更重要。

表 4.9 　　　　　　　主动权益类基金内部收益率与基金收益率比较

指标	内部收益率	基金年化收益率
基金数量(只)	318	318
算术平均年化收益率	5.73%	9.13%
中位数年化收益率	5.19%	9.37%
年化收益率为正的比例	94.65%	100.00%

数据来源：Wind，统计区间：2009/12/31—2021/12/31

表 4.10 是 2009 年 12 月 31 日—2021 年 12 月 31 日区间内主动权益类基金年化收益率的分布。一个重要的特征是，年化收益率 10%~15% 的区间，投资者收益占比是 12.58%，基金收益占比是 41.19%。基金投资者的行为，犹如一个漏斗，将基金经理创造的收益漏出去了不少。

表 4.10 　　　　　主动权益类基金年化收益率与基金收益率分布

年化收益率区间	投资者收益占比	基金收益占比
−5%以下	0.31%	0.00%
−3%~−5%	0.31%	0.00%
−3%~0%	4.72%	0.00%
0%~3%	17.92%	5.35%
3%~5%	25.16%	7.86%
5%~8%	28.30%	21.70%
8%~10%	10.69%	23.90%
10%~15%	9.12%	36.79%
15%以上	3.46%	4.40%

数据来源：Wind，统计区间：2009/12/31—2021/12/31

第二，投资中充满不可控的运气成分，长期来看，唯有正确的行为才能产生良好的结果，但短期不一定。基金的业绩，是基金经理实力和运气共同作用的结果，而运气是基金经理无法控制的因素。事实上在投资中很多因素是基金经理无法控制的。

基金的业绩＝实力+运气

有点出人意料的是，基金的业绩受到运气的影响更大。由于运气存在的原因，短期内正确的行为不一定产生良好的结果。

对于受到运气和实力共同影响的基金，我们的建议是，坚持正确的投资行为，并且必须长期坚持，避免一些"自认为聪明"式的猜测和投机行为。我们举个例子来说明一下。

假设有一个骰子，六个面分别是1、2、3、4、5、5，注意，是2个5点，没有6点。您的朋友跟您玩如下的游戏，他抛一次骰子，您猜对了，他给您10元，猜错了，您给他3元，一共玩100次。您会怎么玩这个游戏呢？很多聪明的人会不断改变猜的点数，试图从抛骰子的动作、之前出现的点数等来做判断。但是，实际上最佳的方法，就是每次都猜5点，不用变，是的，100次中每次都猜5点。原因很简单，5点的概率比其他点的概率都大，即使对于单次来说，猜5点错误的概率是2/3，但是5点对的概率也要比其他4个点大。

对基金投资者来说，正确的投资行为就是长期做正确的事，即使在短期内没有产生良好的结果，也要坚持。在概率的思维下，一个行为是否正确，不是从一次性的结果来判断的，而是从一百次、一千次，甚至更多的同样行为下产生的结果来判断的。

第三，在投资中，投资者的认知、情绪、行为会对获得的收益产生至关重要的影响。我们常说，投资是一个人认知的变现。认知引发情绪，情绪促使行动。计算机发出的指令是由代码驱动，是事先设定好的。但是，人类是充满情绪的，我们的行动多数情况下是由情绪驱动的，理性更多地是让人思考，而情绪是由认知引发的。即使面临完全相同的外部事件，不同人的认知也是完全不同的，因而引发的情绪也有很大的差别，从而导致行为上也有很大的差别。但是基金投资者的认知是底层的，唯有投资者自己才能改变。错误的认知产生的情绪往往是不利于长期投资的，经常引发错误的投资行为，因此影响基金投资者获得的长期收益归根到底是投资者的认知。从这个角度，我们认为，投资者自己才是影响基金投资收益最重要的因素。

最后总结一下，基金投资归根到底是投资者自己的事，良好的投资收益来自正确的认知，把控好情绪，坚持正确的投资行为，永远从长期的角度进行决策。当然，在这个过程中，也要充分地借助专业的力量。

（作者：胡新辉）

后　记

编写一本类似图书的想法，其实在我们的团队中由来已久。在日常的投资者陪伴与引导工作中，"基金赚钱而基民不赚钱"这一问题持续困扰了我们多年。公司成立以来，始终将投资者利益放在核心位置，本书的出版也是公司在投资者陪伴与引导上的又一新鲜尝试。本书的创作团队有着多年的行业经验，对价值投资和投资者陪伴工作具有一定的思考和理解。凝聚多年的经验，经创作团队精心策划，《慢慢变富的诀窍》正式出版，我们希望更多需要的投资者可以看到。

正式创作恰逢大牛市过后的 2021 年。我们见证了如火如荼的 2020 年，又经历了跌宕起伏的 2021 年，身边很多同业和投资者朋友都说 2021 年是投资的小年，然而对我们来说，2021 年是好年。不是因为 2021 年价值投资策略几乎"一枝独秀"，恰恰相反，我们更期待"百花齐放"，毕竟在投资的过程中投资者赚到钱最重要。而长期来看，投资者赚到的每一分钱都与认知匹配，这恰恰是 2021 年最好的地方——它是帮助投资者建立对市场的合理认知的好年。

我们认为帮助投资者建立对市场的合理认知至关重要。市场上关于投资的图书比比皆是，投资者在参与市场之前也常常会或多或少地主动了解投资相关的知识，但并不是看似懂了投资理论就能做好投资。正是投资决策的复杂才推动了行业的专业分工，资产管理机构集人才、系统、体系、服务的优势帮助投资者管理资产。在 2018 年资管新规正式落地后，资产管理机构进一步回归"受人之托、代客理财"的本源，财富管理机构则从投资者投资需求出发，从全市场优选匹配投资者投资目标的资产并为其定制资产配置方案，行业管理机构、资产管理机构、财富管理机构三方合力帮助投资者获得更合理的投资收益、更佳的投资体验，共同打造更健康的投资生态圈。

然而，正如本书中分享的，过往多年基金收益与"基民"收益之间存在巨大差异，火爆如 2020 年，投资者整体资产的收益水平也远比我们想象的低。我们都那么努力了，怎么还没帮投资者赚到钱呢？因为在影响投资收益的因素里，投资者最重要！大多数情况下我们认为，基金投资收益主要来源于管理人创造的超额收益（即 α）和市场波动带来的收益（即 β）。然而，投资者的投资决策、买入与卖出的时间、成本等都会大大影响投资者最终获得的收益水平。

2020 年的"大年"为什么投资者没有赚到钱？大批"因为看见，所以相信"的资金在 2020 年 7 月 13 日市场高点之后涌入，短期回调就侵蚀了上半年大部分的盈利。2021 年为什么赚不到钱？高点资金仍未解套，配置比例不合理又不愿调整，欠配客户新资金的持续参与就更难了。震荡下跌了一年有余，在权益资产极具配置价值的 2022 年上半年，我们却发现新基金发行再遇冰点期。投资者往往期望能够精准逃顶抄底，却一再陷入追涨杀跌的困境中；期望短期收益可持续，不自觉地线性外推，却忽视了收益背后更有波动和投资逻辑……历史在不断地重复演绎，正是经历了极致的"2020 年"与"2021 年"，我们迫切期望通过本书能够帮助前期"浮躁"现在"浮亏"的投资者建立合理的认知。

不得不承认的是，投资者陪伴与引导的工作空间仍然巨大！但是对大多数资产管理机构和财富管理机构来说，持续的投资者陪伴与引导是一件很奢侈的事情，也因为空间巨大，我们更想在当下这个"最好的时候"尽可能将投资者陪伴与引导工作覆盖到更多投资者。通过专业的经验分享、用文字系统地输出相关的内容，用一个个子标题将核心理念传递出去，尽量在更短的时间触达到我们暂时还服务不到的角落。

脚步无法丈量的地方，书籍可以！与此同时，我们发现投资者引导相关的图书，市场上仍相对少之又少。正因如此，在这一领域的尝试就大概率有意义，这便有了您手里的这本书。

坚持不易，但有意义，陪伴投资者慢慢变富的路上我们不孤单，下述公司的合作伙伴们(以各单位名称拼音首字母排序，排名不分先后)在过往投资者陪伴与引导实践中给了我们莫大的帮助与支持：

北京汇成基金、东方证券、大连网金基金、广发证券、光大证券、国信证券、国泰君安证券、国金证券、国盛证券、华泰证券、好买基金、嘉实财富、陆基金、蚂蚁基金、诺亚正行基金、宁波银行、平安银行、平安证券、申万宏源证券、申万宏源西部、上海万得基金、泰信财富基金、天天基金、兴业银行、兴业证券、宜信普泽基金、中信证券、中信证券(山东)、中信证券(华南)、中信期货、招商证券、中信建投证券、中泰证券、珠海盈米基金，在此我们深表感谢。

它们不仅为本书提供了更加丰富的视角，也在本书的撰写过程中给予了我们许多认可及建议，鼓舞着我们为提升投资者认知、赚到市场提供的合理收益继续努力。

投资是一辈子的事，在深耕价值的路上，感恩"庚"您同行！

中庚基金管理有限公司

2022 年 7 月

✐ 风险提示：

本书所载内容仅供参考，不构成对任何人的投资建议，也不构成任何保证。接收人不应单纯依靠本书的信息而取代自身的独立判断，应自主做出投资决策并自行承担风险。

投资人应当充分了解基金定期定额投资和零存整取等储蓄方式的区别。定期定额投资是引导投资人进行长期投资、平均投资成本的一种简单易行的投资方式。但是定期定额投资并不能规避基金投资所固有的风险，不能保证投资人获得收益，也不是替代储蓄的等效理财方式。

基金的过往业绩、净值高低和指数过往表现均不预示其未来业绩表现，投资人在做出投资决策后，基金运营状况与基金净值变化引致的投资风险，由投资人自行承担。请充分了解基金的风险收益特征，并根据自身的投资目的、投资期限、投资经验、资产状况等判断基金是否和您的风险承受能力相适应。

文章内容仅代表撰稿人个人观点，不代表其供职单位。

基金有风险，投资需谨慎。